中央高校基本科研业务费专项资金资助

汉语口语考试面试官话语研究及引导技术

聂丹 等／著

北京语言大学出版社
BEIJING LANGUAGE AND CULTURE
UNIVERSITY PRESS

© 2020 北京语言大学出版社，社图号 20199

图书在版编目（CIP）数据

汉语口语考试面试官话语研究及引导技术 ／ 聂丹等
著．－－ 北京 ：北京语言大学出版社，2020.12
　　ISBN 978-7-5619-5803-2

　　Ⅰ. ①汉…　　Ⅱ. ①聂…　　Ⅲ. ①汉语－口语－水平考试
－自学参考资料　　Ⅳ. ① H193.2

　　中国版本图书馆 CIP 数据核字 (2020) 第 238795 号

汉语口语考试面试官话语研究及引导技术
HANYU KOUYU KAOSHI MIANSHIGUAN HUAYU YANJIU JI YINDAO JISHU

排版制作：北京创艺涵文化发展有限公司
责任印制：周　燚

出版发行：北京语言大学出版社
社　　址：北京市海淀区学院路 15 号，100083
网　　址：www.blcup.com
电子信箱：service@blcup.com
电　　话：编辑部　　8610-82303647/3592/3724
　　　　　国内发行　8610-82303650/3591/3648
　　　　　海外发行　8610-82303365/3080/3668
　　　　　北语书店　8610-82303653
　　　　　网购咨询　8610-82303908
印　　刷：北京中科印刷有限公司

版　　次：2020 年 12 月第 1 版
印　　次：2020 年 12 月第 1 次印刷
开　　本：710 毫米 ×1000 毫米　1/16　　　　印　　张：15.25
字　　数：236 千字
定　　价：58.00 元

PRINTED IN CHINA

前 言

　　近些年来，语言交际能力的培养成为第二语言教学和培训的首要目标。而作为测量语言交际能力的有效工具，面试型（face-to-face）口语考试（简称"口语面试"）也日益受到推崇。不少语言教学和培训机构的分班测试或成绩测试都采用口语面试的形式，一些大规模的水平测试也增加了口语面试。这种面试官与应试者一对一交谈的考试形式因具有互动性、交际性、针对性等优势而受到广大应试者和用户的青睐。在口语面试中，面试官话语引导技术是决定口语面试质量的首要因素，影响着口语面试进程的科学性和艺术性。一方面，面试官话语承担着传达考试任务、引发应试者表达、组织考试进程、实现测评目的等重要使命，直接关系到口语考试的信度和效度，影响考试的科学性，具有无可替代的重要作用。另一方面，口语面试不应该只追求科学性，还要讲究艺术性，不仅要追求测得准，还要让应试者感觉到面对的不是刻板的尺子，而是生动的对话者，感受到考试过程的愉悦；而口语面试的这种艺术性主要也靠面试官话语来表现。可以说，口语面试的质量和魅力主要取决于面试官的话语引导技术。为了提升口语面试的科学性和艺术性，应该加强对面试官话语的研究，在此基础上建立一套科学有效的面试官话语引导技术框架。

　　由此看来，面试官话语理应成为口语面试领域值得研究的基础性课题，然而，根据我们掌握的资料，目前国内外语言教学和测试界对面试官话语还缺少关注，这方面的实践和研究都十分薄弱。随着口语面试的发展，我们亟须对面试官话语展开全面、深入的研究。

　　本书尝试分析了汉语口语考试面试官话语的内涵和特征，确立了面

1

试官话语的研究内容、理论基础和研究方法，在此基础上，主要借鉴会话分析、话语分析、语言测试、第二语言习得等多学科的相关理论和方法，对面试会话结构、面试官提问话语和反馈话语、面试官话语修正等进行了探索性研究，从而初步建立了汉语作为第二语言口语考试的面试官话语引导技术框架。

本书主要作者聂丹教授多年在北京语言大学原汉语水平考试中心工作，从事汉语考试特别是面试型汉语口语考试的开发和研究，其他作者均为其硕士研究生。书稿从选题、组稿到统稿由聂丹负责。前言、第一章、第五章、第六章、结语部分由聂丹撰写，第二章由王保利撰写，第三章由马玉红撰写，第四章由陈果撰写。

本书初稿于 2013 年完成并入选北京语言大学后期资助项目出版计划，后因忙于管理工作被搁置。2018 年由聂丹对全书作了较大修改。出版这本小书，一来因为口语考试面试官话语及引导技术的研究至今仍然匮乏，二来也是为本课题作一学术的交代。

本书得以出版，要感谢国家社科基金项目的前期支持，感谢北语科研处同事的悉心帮助，尤其要感谢北语社郑炜老师的辛勤编辑和积极推进，使得本书能够在这极不平凡的 2020 年底最终问世。

聂丹

2020 年 12 月

目　录

第一章
总 论

第一节　测试实践与研究现状

2007 年，为适应语言测验的发展需要和汉语国际传播的现实需要，有着 20 多年汉语测验研发历史的北京语言大学汉语水平考试中心开发了 C.TEST 面试型汉语口语考试（简称 C- 口语面试），这是国内首个测量口语交际能力的汉语作为第二语言的面试型口语水平考试。本书研究的面试官话语全部来自 C- 口语面试。

一、C-口语面试总体设计概要

C- 口语面试由两名面试官对一名应试者进行考查与评价。主面试官负责主导整个面试的谈话走向；副面试官不发言，只负责记录和评价应试者的表现。两名面试官在面试结束后都给应试者打分。如有不一致，则请专家复评。为消除疲劳效应，每隔一段时间主、副面试官调换角色。

C- 口语面试的分数分为七个等级，对应着四个水平，是目前除美国 OPI 外，涵盖应试者水平跨度最大的口语考试（见表 1-1）。概括来说，等与等之间的区分一般是"质"的差别，级与级之间的区分则通常是"量"的差距。首先看初等和中高等的区别，一个标志性的评价标准是看能否进行连贯的成段表达，如果不能连贯地成段表达，则属于初等水平；如果能连贯地成段表述，就至少为中等水平。再看中等和高等的区别，相同之处是都具备成段表达的能力，但区分二者的标志性评价标准是看能否进行成段议论。中等水平是只能成段叙述、描述，尚不能成段议论（复杂议论）；高等水平是既能成段叙述、描述，也能成段议论。再看级与级之间的界限，就是程度上的差异。比如，在高等内部，B级的议论能力和话题适应性还比较有限，而A级在议论的广度、深度上都更高一筹了。

表1-1　C-口语面试的分数等级及水平表现

水平	等级	分数	语言水平表现（评分标准）
初级水平	F级	1分	能够做简单的自我介绍和进行最简单的交流，交流局限于生活和工作中最简单和最熟悉的话题；在交流中使用的词语十分有限，表达以词、短语为主，有时能说简单的句子，没有成段表达能力
	E级	2分	能够完成简单的自我介绍，并且能够就熟悉的话题进行交流，例如个人信息、日常活动等；在交流中使用的词语、句式有限，能够成句表达，但成段表达能力差
中级水平	D级	3分	能够完成与日常生活、工作有关的简单交际；能成句表达，句中使用的词语、句式有一定变化；有一定的成段表达能力，但只能完成描述、叙述或说明性的任务，很难完成议论性的任务
	C级	4分	能对一些常规话题进行交谈；能够成功地完成描述、叙述或说明性的任务；能够进行简单的议论性交谈，如对日常工作、娱乐、兴趣爱好等进行评价
高级水平	B级	5分	能完成一般的交际任务，交谈的话题比较广泛；能够完成一般的议论性的任务，例如工作、现状、社会、个人兴趣等具体话题，但对某些抽象的话题或正式场合的交际表现出不适应；成段表达能力比较强
	A级	6分	能详细并准确地进行描述、叙述或说明；能支持自己的观点和假设；能讨论一些抽象的话题，但多数情况下还是适合讨论具体的话题；在交流中能运用交际策略弥补在词汇语法上的不足；成段表达能力强

续表

水平	等级	分数	语言水平表现（评分标准）
最高水平（接近母语者）	专业级	7分	表达上接近母语者。能够积极有效地参与在正式或非正式情景下的话题讨论，话题涉及工作生活和专业兴趣等各方面；能解释和反对某种观点，并用较长篇幅有效地支持某种假设；能自如地讨论具体和抽象的话题；能处理好在语言上不熟悉的情况；发音准确、自然，语言表达上具有准确性和得体性

　　为减少面试过程的随意性，最大限度保证考试的信度、效度和公平性，C-口语面试设计了标准化的面试程序及考试内容。面试程序包括热身（warm up）、反复评估（iterative-process）和结束（wind down）三个阶段，全程大约 10 ~ 15 分钟；考试内容在反复评估阶段主要包括描述、叙述、议论和辩论等任务类型（见表1-2）。C-口语面试为面试官设计了试卷作为参考。每套试卷都有一个核心话题，这些话题都是日常生活和社会生活中的常见话题，比如工作、学习、家庭、旅行、交通、环境等。在同一份试卷中，围绕同一个话题，设计了不同阶段、不同体裁形式的任务类型及相应的问题（见附录一）。试卷规范了面试进程，但面试官不能照卷宣科，应灵活选用适合的试卷和话题，体现交际的即时性、互动性和针对性。

表1-2　C-口语面试的三个阶段及任务类型

考试阶段	考试行为	目的	任务类型	时长
热身	互相致意，自我介绍，简单询问	缓解应试者紧张情绪，增进互相了解，以便开展进一步交流	自我介绍和简单问答任务，话题包括爱好、工作、家庭等，并逐步过渡到正式话题	1 ~ 2 分钟

续表

考试阶段	考试行为	目的	任务类型	时长
反复评估	估计	试探应试者的基本能力或能力下限（地板）	F-E级任务（看图说话并回答问题）：以看图描述性任务为主 D-C级任务：以叙述性任务为主，包括简单的议论性任务 B-A级任务：以复杂议论性任务为主	8～10分钟
	摸底	试探应试者的基本能力或能力下限（地板）		
	定位	确定应试者的比较稳定的水平等级		
	探顶	试探应试者可能具有的最高水平或能力上限（天花板）		
结束	收束话题，询问打算，祝福，道别	友好地完成面试程序，恢复应试者自信心	包括日常生活、休闲娱乐、短期计划类轻松的话题	1～2分钟

二、C-口语面试引导技术研究现状

C-口语面试的面试官除了汉语测试领域的专家外，主要都是对外汉语教学领域的资深教授或优秀教师，以高级职称为主。面试官需要参加上岗培训，经考核合格后才能得到面试官资格证书，持证上岗。对面试官的培训内容主要包括两方面：评分培训和引导（elicitation）技术培训。这是因为，面试官既是会话引导者，又是评分员，评分技术和引导技术是面试官必须掌握的两大最重要的技术。评分培训旨在让面试官熟练掌握评分标准，能够准确地量分定级；引导技术培训旨在让面试官熟练掌控面试进程，熟悉各种任务类型，恰当地选择话题，得体地提问和反馈，引导对话深入。

由于口语测试研究领域历来对评分问题研究很多，评分培训已经有一些行之有效的模式，因此在C-口语面试培训中，评分培训方面也做得相对比较成熟；相对困难的是引导技术培训，缺少可以借鉴的经验，一切都有待于摸索。C-口语面试的部分研发者曾就引导技术做过探索性研究，取得了一些初步的研究成果，并运用到面试官培训工作中，成为指导性文件。

（一）引导技术培训材料一：对不同类型面试者的面试引导技术[①]

这篇材料基于面试官个人经验，将应试者分成一问一答型（无话可说型）、自说自话型（以量代质型）、知识狭窄型（话题中断型）、善于表演型（以演代说型）、华裔背景型（貌似母语者型）等若干类型，并分别就每种类型的面试官引导技术总结出一些要领，具有针对性、实操性。例如，对"一问一答型（无话可说型）"应试者引导技术总结了如下要领：

应试者的典型表现：

问一句说一句，应试者并非对话题缺乏了解，更可能与语言水平不高或者不善言辞的个性有关。

面试官的引导技术：

1. 首先要避免两种情况，一是纠正应试者，二是替应试者说。

2. 尽量少提应试者用一两个词就能回答的问题。

3. 建议多采用这样的引导方式：'你能举个例子讲讲吗？'"请给我一个理由""请你介绍一下你们国家的会客习俗"等。

4. 要保持与之交流的兴趣与热情。

5. 面试官要仔细倾听，判断其真实的水平，我们不能排除有一些应试者思考很多，说话语速很慢，但错误很少。

6. 为了使评价更加准确，应当给应试者多一些话题（任务），甚至多几个等级的任务。

这篇材料的核心原则就是引导技术应视面试对象而定。这符合会话原理，即一方的会话技术主要受到交际另一方的影响。所以，面试引导技术不能脱离会话语境和会话对象而孤立地来谈。

（二）引导技术培训材料二：C-口语面试中的引导技术与策略[②]

这篇材料试图全面、系统地探讨引导技术和策略问题，借鉴了相关

---

① 该培训材料的主要撰写者为北京语言大学原汉语水平考试中心副研究员李慧女士。

② 该培训材料的主要撰写者为北京语言大学原汉语水平考试中心研究人员钱亮亮女士。

领域的一些术语和理念，力求抽象地概括引导技术和策略，有使引导技术研究理论化、系统化的意识。比如，该材料将 C- 口语面试引导技术的基本原则概括为四点：

1. 尽可能以交谈、会话的方式进行面试。

2. 选择恰当的开始方式。

3. 面试官必须保持对信息的持续敏感，表现出对交流的兴趣。

4. 倾听对交流至关重要。

同时归纳了引导策略基本原则中"应做"和"不应做"的若干方面（见表1-3）。该材料还分别就面试官的话题选择与展开、提问方式的选择等问题归纳了基本技术要领及"应做"与"不应做"等具体要求，并总结了针对不同水平应试者采用的引导技术和策略。

表1-3　引导策略基本原则中的"应做"和"不应做"

应做	不应做
◆ 对应试者说的内容表现出兴趣	◆ 说出面试的进程
◆ 通过不断提问来追踪话题	◆ 纠正应试者或者纠正信息
◆ 有耐心，要培养等待的技巧	◆ 上课
◆ 问的每一个问题都是有特定目的的	◆ 谈论面试官自己的经历
◆ 用激发性的话题引导应试者讲话	◆ 替代应试者回答问题及表述自己的看法
◆ 明白应试者的沉默并不一定代表其水平不行	◆ 打断应试者，除非万不得已
◆ 在不同水平之间增加或降低话题的难度	◆ 在话题间换来换去
◆ 有证据证明"底"和"顶"	◆ 使用敏感性话题（涉及政治、宗教信仰、民族、性、毒品等方面）
◆ 有证据证明话题已停止	◆ 坚持持续非熟悉话题；或随意弃用一个话题，除非其所提供的证据已全部发现
◆ 能力水平变动时，话题范围不要变	◆ 使用一系列的是非提问或选择提问
◆ 话题范围变换时，能力水平不要变	◆ 使用给应试者心理暗示的提问
◆ 只使用汉语	◆ 用话语评价应试者的语言表达
◆ 用正常的语速说话	◆ 让应试者控制面试的进程
◆ 仔细聆听	
◆ 做出少量的口头或非口头的鼓励	

总体来说，尽管面试官的引导技术直接决定着口语面试的信度和效度，但是有关口语面试引导技术的理论研究和实践经验还很薄弱。除了 C- 口语面试的研发者在引导技术方面做出上述初探之外，国内外对面试官引导技术的专题研究还非常匮乏。上述引导技术培训材料主要是经验总结和主观分析，还未找到适切的理论方法和分析路径。由于引导技术是通过面试官话语来呈现的，测试任务也是通过面试官话语来传达的，因此我们认为，面试官话语研究可以作为引导技术研究的一个切入口。

本研究即以 C- 口语面试的实测录像作为研究材料，基于大规模的话语语料和大样本的数据信息，对面试官话语展开细致深入的观察和研究，希望在此基础上探索面试官引导技术的特征和规律，确立面试官引导技术的话语模式和方法策略。

第二节　面试官话语的界定

一、面试官话语的内涵

我们所说的面试官话语，是指在第二语言口语面试过程中，面试官对应试者所使用的测试语言，是面试官对特定应试者所说的全部话语。这种话语的主要功能在于传达考试任务，引发应试者口语表达，对应试者进行反复测量和评估，进而实现测试目标。除此之外，这种话语还维系着面试的会话进程，营造着接近真实语言使用环境的会话环境，激励应试者融入真实交际情境从而发挥外语交际潜力，以体现交际型测试的理念。因此，这种面试官话语既包括体现测试目的的各类引发性话语和反馈性话语，也包括体现会话特征、具有不同交际功能的其他话语。也就是说，在面试官与应试者一对一交谈的面试过程中，除了应试者话语之外，所有由面试官向应试者发出的话语都是面试官话语。

从这个定义出发，作为我们研究对象的面试官话语的内涵应包括以下几个方面。

（一）口语面试中的面试官话语

我们所说的口语面试主要是面试官与应试者面对面交谈的形式，也包括网络视频交谈。全部考试任务都通过面试官与应试者的对话呈现。在交谈中，面试官负责选择和传达测试任务，是交际的主动方，决定谈话主题，引导谈话内容，控制谈话走向；而应试者一般是被动方，在面试官引导下进行表达。面试官除了担当主面试官之外，还要维系自然的交谈氛围，使测试主旨不留痕迹地寓于亲切友好的交谈中，最大限度地营造接近真实的会话进程，使口语测试过程与日常会话过程融于一体。按照这一界定，其他口语测试中主面试官的指令性话语就不在研究之列；其他像小组讨论式的面试型口语考试的面试官话语也不在研究之列。

（二）第二语言口语面试中的面试官话语

面试官是母语者，应试者是非母语者，双方只能用目的语交谈。也就是说，交谈是在目的语作为第一语言与目的语作为第二语言的双方互动中进行的。与第一语言的口语考试面试官话语相比，应该既有共同之处，又有独特之处。

（三）面试官对应试者所说的话语

面试官作为说话的一方，应试者作为听话的一方，面试官与应试者是交谈的主体，没有第三方介入。有的面试中面试官或应试者不止一人，面试官说话的对象有时不单单指向特定应试者，而我们要研究的只限于面试官针对特定应试者所说的话语。

（四）面试官说出的话语（而非朗读或写出的话语）

为了体现面试过程的自然真实性，面试官一般不应照本宣科，刻板地朗读测试题目，而应该把测试意图用自己的话自然表述出来。面试官话语是自主生成的汉语口语，而不是读出来的书面语，更不能将要表达的内容写出来。

（五）面试官对应试者说出的全部话语

我们所要研究的面试官话语既包括体现测试目的的各类引发性或提问性话语，也包括具有维系交谈作用的反馈性话语，此外还包括体现会话特征、具有不同交际功能的其他话语类型或话语成分。通过对面试官话语常用类型和成分的深入研究，力求构建汉语口语考试面试官话语的描写框架和评价模式。

从广义来说，面试官话语除了包括面试官在测试过程中口头使用的语言之外，还应该包括副语言，主要指身势语或称体态语。在对外国人的口语面试过程中，副语言往往扮演着重要角色，积极辅助口语表达来实现测试功能。限于研究条件，我们只关注面试官在测试过程中使用的口头语言表达形式，不关注非语言表达形式，但这并不表明后者不重要。

二、面试官话语的特征

汉语作为第二语言口语考试的面试官话语，作为特定语域中的语言变体，具有多种特征，是独具特色的一类话语。

（一）任务性

面试官话语首要的是传递测试的具体任务，在短暂的时间里实现测试目标，这就要追求话语的任务性或目的性。也就是说，面试官话语绝不能是随意散漫的，自始至终都要围绕着测试目标提问和反馈，激励应试者表达。因此，面试官话语看似不经意，实则都具有不同程度的任务性，尤其是提问话语更能体现出这一特性。

（二）主动性

在面试交谈中，面试官承担着传达和选择测试任务、引导应试者言语表达和评估应试者口语水平的职责，所以通常情况下面试官与应试者交际角色不对等，面试官是谈话的控制者、主动方，应试者是受控者、被动方。面试官话语一般具有主动引发谈话的性质，规定着应试者话语的内容和方向。即使是面试官带有反馈性质的话语，也往往带有交际主动性的色彩。

（三）即时性

在口语面试中，面试官亲自参与到应试者的话语表达进程中，与应试者话语一起组成了完整的双向交流的会话活动，构拟出接近日常真实生活的会话情境。因此，尽管面试官话语具有任务性、主动性，但同时又具有与日常会话相似的即时性特点。面试官只能把握话语的宏观走向，而测试进程中的具体话语则有很大的不确定性。面试官话语的这种即时性对面试官的口语表达能力和随机应变能力提出了很高的要求。

（四）针对性

口语面试的一个优势是可以量体裁衣，根据不同应试者的不同情况进行有针对性的测试。与此相应，面试官话语也具有明显的针对性，所谓见什么人问什么话，见什么人说什么话。比如，对低水平的应试者，面试官话语就会带有慢语速、低词汇量、结构简化的语言特点；而对于高水平的应试者，面试官话语就应该具有等同于母语者的语速和词汇句法特点。再如，对少儿应试者面试官话语应尽量符合少儿认知和心理特点，"使用简单的词句、采用夸张和重复的方法等。这种经过调整的话语被称作'儿向语言'（child-directed language）"（王建勤，2009：180）；而对成年应试者就不能用"稚化语言"，否则容易造成应试者反感，也不利于考查应试者的口语能力。总之，针对不同国别、年龄、职业、个性特征的应试者应有针对性的话语方式，避免应试者的认知能力和其他非语言因素干扰了对语言能力的测量。

（五）简练性

口语面试的目的是测量应试者的口语能力，面试官的使命是通过给出具体的任务刺激，引导应试者说出尽可能多的话语，以充分展现口语水平。所以，尽管面试官是交际的主动方，但实际上应试者话语才是会话的主体内容。面试官话语只起到穿针引线的作用，应以应试者表达为主、面试官表达为辅。由于考试时间是有限的，面试官话语应该尽量简练，仅用只言片语就能引出应试者长篇大论是最理想的状态，也是最能体现面试官谈话能力和测试效率的地方。

（六）口语化

面试官话语是在面试官与应试者的会话中生发出来的，应该是说出来的话语，而不是朗读出的或写出的书面化的语言。面试官不应该照本宣科，而是应该把测试意图用自己的话自然地表述出来。面试官话语应具有口语的典型特征，比如具有一定的冗余度，句式简短，句法上多省略和倒装句，词汇也具有口语特征等。

（七）规范性

虽然面试官话语在语体上是口语，但是，作为语言测试的考官，其话语又不应等同于日常会话中的口语，而是应该具有目的语标准语的示范性。比如，面试官话语不应出现语音不标准、使用方言土语的情况，在话语的冗余度等方面也要适度。另外，面试官话语应该使用而且只能使用目的语，在任何时候都不应使用应试者的母语或其他媒介语。如果应试者偶尔借用其他媒介语来辅助表达，面试官不应迁就，而是应该努力引导应试者说目的语。

（八）外国人话语

当母语者对二语学习者说话时，为了增进理解，常常对话语进行调整，比如放慢语速，使用停顿、重音等手段提高语音清晰度，使用简单词汇，简化句子结构等。在第二语言习得领域，这种对外国人说的为促进理解而调整了的话语被称作"外国人话语"（foreigner talk），有望为学习者提供"可理解输入"（comprehensible input）。在第二语言口语考试中，面试官对应试者（尤其低水平的应试者）说的话语同样具有"外国人话语"的特征。根据我们的观察，在语音方面，面试官一般会根据应试者水平调整话语节奏，尽量避免自然语流中的各种音变现象；在词汇方面，面试官会根据应试者水平选择适合难度的词汇，对于超纲词汇一般使用简单近义词替换或释义等方式调整；在句法方面，面试官一般避免使用超出应试者水平的句法结构，特别是在体现测试主旨的关键性语句上，更要确保句法结构的可理解性，调整句法结构的手段主要有省略、扩展或替换等；在会话结构方面，当面试官与应试者在对话遇到困难时，会采取重复、确认、理解检查、请求澄清等话语策略进行意义的沟通，在会话中增加"互动调整"（modified interaction）的序列结构。总之，正如 Ellis（1994：254）所言，"外国人话语"的语言调整通常有三种方式，即"简化""规则化"和"繁化"。"简化"是使语言输入形式简单易懂；"规则化"是调整成基本的、规范的结构形式；"繁化"是采取迂回或扩展等方法，在语言输入中增加一些冗余成分，从而增加理解度。（王建勤，2009：188）此外，面试官与应试者的交流也是一种跨文化交际行为，为避免文化因素影响理解和表达，面试官话语中所涉及的话题和文化内容应尽量与应试者文化认知水平相适应。

以上特征是面试官话语与其他"外国人话语"的共性。此外，面试官话语还具备一些不同于一般"外国人话语"的特征。比如，一般"外国人话语"常常频繁使用其他语言作为媒介语，而汉语口语考试的面试官话语必须自始至终使用汉语。更重要的是，与教师的"外国人话语"不同，面试官不能一味地顺应应试者的语言理解水平，为探测应试者的真实语言水平，需要不断"摸底"（level check）和"探顶"（probe），面试官话语的可理解程度也随之会发生改变。

（九）功能多重性

在面试这一言语活动中，面试官话语具有功能上的多重性。既是传达测试任务的载体，又与应试者话语构成类似日常会话的会话结构；既包括体现测试任务的各类提问性话语，也包括具有维系交谈作用的反馈性话语，还包括体现不同交际功能的其他话语。可以说，面试官话语承担了面试活动的组织功能、测试任务的传递功能以及与应试者双向交流的情感功能等。我们试图从功能视角对各类面试官话语进行细致的观察与分析。

第三节　研究内容与理论方法

一、研究内容

（一）宏观的研究内容

面试官话语研究还是一个崭新的课题，尚无可资借鉴的研究成果。从面试官话语的内涵和特征可见，面试官话语研究具有很强的跨学科性，其研究内容非常广泛。根据不同的研究目的，可以制订不同的研究方案。我们尝试构拟了面试官话语研究的整体内容框架。

1. 会话结构研究

借鉴会话分析等理论，研究面试官与应试者的会话结构特征，分析面试官掌控会话进程的方法技术，进而建立评价面试官话语组织能力的标准。具体研究内容包括：（1）话轮交接系统研究。面试官如何保持话轮？如何接过或结束对方话轮？如何不露痕迹地转换话轮？通过对此类问题的研究，建立面试官话语交接的具体原则，帮助面试官掌握启动话语的最佳时机，使话轮的转换自然得体，使会话双方建立良好的互动模式。（2）会话对答结构研究。研究面试官与应试者的对答结构，分析引发语与应答语之间的互动关系。（3）会话序列结构研究。口语面试是一个循序渐进的会话过程，由若干不同难度的任务类型构成。比如，从简单的叙述性任务，逐渐过渡到说明性任务，最后上升到议论性任务，任务类型由易到难，会话渐次深入。我们可以研究不同任务阶段以及从一个任务阶段进入到另一个任务阶段的会话序列结构，包括各种预示序列，从中找寻面试官在传达任务和转换任务时适切的话语方式。（4）会话宏观结构研究。研究会话的开头（热身阶段）、话题的展开与转换（反复评估阶段）、会话的结尾（结束阶段）等不同环节的会话结构特征，主要着眼于面试官话语在会话整体结构中所担任的角色和所起到的作用。

2. 话语类型研究

面试官话语类型在此是指话语功能类型，主要包括具有引发功能的提问话语以及具有反馈功能的反馈话语。这两种话语类型构成面试官话语的核心功能。构建面试官话语引导技术评价标准的一项主体工作，就是建立对提问话语和反馈话语的描写、分析和评价体系。具体来说，可以对面试官提问话语或反馈话语进行定性、定量和对比分析。统计提问话语或反馈话语在考试中的数量、频次、时间、密度等；从形式、内容、功能等多个角度对提问话语或反馈话语进行分类和描写，并统计各类提问或反馈话语的数量及比重等；分析不同类型的提问或反馈话语对应试者话语输出的影响；分析应试者话语对面试官选择提问或反馈话语的影响；对比不同等级考试中提问或反馈话语的类型、分布规律、效能等特点；提出有益于改进面试官提问或反馈话语效能的建议；最终建立评价面试官提问话语和反馈话语的统一标准。

3. 特殊话语研究

主要研究会话中的特殊现象，包括重叠、打断及修正等现象，对面试官在会话中的特殊言语行为给予关注和评价。比如，当应试者答非所问时，面试官应该如何打断？当面试官发现自己提问不当、出现口误或应试者没有理解时，应如何进行修正？如何看待应试者与面试官话轮发生重叠的现象？话轮重叠时面试官应该怎么做？等等。通过对会话中出现的这些特殊话语的研究，来制订合乎面试官身份、顺应会话原则的特殊话语的评价标准。

4. 话语策略研究

话语策略是交际者为实现话语目标而采取的手段和方法。面试官为达到测试中的具体目标习惯采用哪些手段，比如遣词造句方面有什么特点？有哪些特殊的表达方式？这些手段的运用效果是好是坏？此外，选择、展开和挖掘话题的策略，提问方式的策略，针对不同水平应试者的话语调整策略，在面试不同阶段、不同任务环节的话语策略，以及时间控制方面的策略等，都值得研究。

5. 话语风格研究

每个人的话语都有自己的个性特征。语音的面貌、词语的选择、句式的长短、语体的特征、话语的流畅度、话语时机的适宜性等，都是个性特征的标志。面试官应该突出自己的话语风格还是尽量消减话语风格？不同的话语风格对考试有哪些影响？不同性别、不同年龄、不同专业背景的面试官话语风格有没有差别？不同水平、不同国籍的应试者，更乐于接受哪种话语风格？……面试官话语的上述风格问题也都值得深入研究。

6. 语言要素研究

作为语言测试的面试官，其话语评价的首要标准是语言要素的规范性，即语音标准，词汇和语法运用准确，语篇衔接紧凑、逻辑性强，语用得体。此外，面试官话语在语言要素的运用上还要适应应试者水平，根据应试者水平的高低来选择不同难度的词语和表述方式。研究面试官话语，可以从语音、词汇、语法、语篇、语用等语言要素的多个层面开展研究，既关注语言要素的准确性、规范性问题，也关注语言要素的适切性、针对性问题，在此基础上建立面试官话语的语言要素评价体系。

上述六个方面构成了面试官话语研究的基本内容框架。这是一个开放的框架，随着研究的深入和测试的发展，还可以不断产生新的研究内容。研究内容之间或有交叉，比如话语策略研究可以贯串其他各项研究内容。在实际研究中，应该根据不同测试需要和研究意图，选择具体研究方向，可能还需要穿插各种对比研究。比如，对比不同测试环节的面试官话语，对比针对不同等级水平应试者的面试官话语，对比针对不同国籍、年龄或个性特征的应试者的面试官话语，对比不同面试官的话语，等等。这样才能制订出适用于不同群体、不同情境、不同条件的面试官话语引导技术评价标准体系。

（二）本书的研究内容

由于面试官话语研究的内容十分广泛，限于精力和篇幅，本书并不追求面面俱到，而是本着"问题驱动"和"急用先研"的原则，从当前第二语言口语考试及面试官培训迫切需求出发，确定研究内容。

1. 面试对答结构研究

C- 口语面试全过程是由面试官与应试者的对话构成的，其基本会话结构是"引发语—应答语"的对答结构模式。研究面试官话语和引导技术，首先需要研究口语面试会话结构的类型和分布规律，揭示不同等级与不同阶段口语面试的对答结构特点，从会话结构的微观和宏观布局上审视面试官话语存在的问题，思考解决对策。

2. 面试官提问话语研究

C- 口语面试主要依靠面试官提问来传达测试任务，引导口语输出。可以说，面试官提问话语的质量直接决定着口语面试的信度和效度。因此，面试官话语研究最重要的就是对面试官提问话语的研究，这是面试官引导技术的关键问题所在。本书将对面试官提问话语的定义、作用、类型及分布规律等进行全面描写，并揭示面试官提问话语与应试者话语之间的互动关系，在此基础上探讨当前面试官提问话语存在的不足与解决方案。

3. 面试官反馈话语研究

在 C- 口语面试中，面试官的反馈话语担负着维系、衔接和控制考试进程的重要作用，与提问话语一起构成面试官话语最核心的两大类型，因此也是面试官引导技术研究的重要组成部分。本书将对面试官反馈话语的定义、类型、分布规律及其所出现的语言环境特征等进行描写与分析，并考察反馈话语语用功能实现的路径，在此基础上探讨当前面试官反馈话语存在的问题与改进对策。

4. 面试官话语修正研究

在 C- 口语面试中，由于面试官与应试者的会话是母语者与非母语者的会话，因此面试官经常需要根据应试者的理解程度对话语输入进行修正或调整。那么，面试官如何进行话语修正以提高面试官话语输入质量，就成为面试官引导技术研究应该关注的课题。本书将对修正与输入的内涵进行界定，对面试官话语修正的效用进行实证研究，在此基础上分析话语修正的引发因素，探讨话语修正的实现路径。

上述研究内容都是面试官话语研究的基础问题，是面试官话语引导技术培训应该关注的重要问题。对上述内容的研究应该综合调用相关学科的理论和方法，围绕具体问题开展针对性研究。最后，在分项研究基础上建立一套科学性与操作性兼具的面试官话语引导技术要领，用以指导和规范汉语测试实践。

二、理论方法

（一）理论基础

对面试官话语可以从不同学科出发做出不同视角的观察和解读，可以有不同的研究取向。比如，语言测试研究者可能关注面试官话语对测试任务传达的准确性和有效性问题；语言教学与习得研究者可能关注面试官话语在输入理解、互动协商、输入调整、交际策略等方面对学习者的影响和两者之间的互动关系；社会语言学研究者可能关注语言的语域变体特征及会话双方社会关系对话语的影响；话语分析研究者可能关注面试的会话结构、面试官话语的特性和功能等问题；心理学研究者可能关注面试官话语对应试者心理和情感的作用；等等。从"汉语/第二语言/口语考试/面试官/话语"等几个关键词出发，可以大体确定与本课题直接相关的几个研究领域及理论基础。

1. 话语：语言学——话语分析、语言本体研究、社会语言学等

该课题是一个语言学的课题，其研究对象是"话语"，因此语言学及其相关分支学科理论可以作为该课题的理论基础。其中，话语分析是最直接的理论来源，因为不论采用何种理论，都是以研究"话语"为旨归的，研究落脚点都在"话语"上。该课题研究的话语是语言在特定语域下的运用，涉及某一特定语言的语音、词汇、语法、语用等方面，涉及社会语言学的原理，因此语言本体研究、社会语言学等也是重要的理论来源。

2. 口语考试、面试官：语言测试——语言交际能力测试、交际口试等

该课题是从语言测试实践中产生的，研究目的是服务于交际口试的需要。面试官话语要以有效地实现语言交际能力测试的目标为宗旨，所以，语言交际能力理论与交际口试的测试理念规定着面试官话语的任务和原则，也是面试官话语研究的一个理论基础。

3. 汉语：现代汉语——汉语的语音、词汇、语法、语篇、语用等

该课题研究的话语是现代汉语在特定语域下的运用，涉及汉语的语音、词汇、语法、语篇及语用等知识，因此现代汉语的相关研究成果是重要理论来源。

4. 第二语言：二语习得与教学、跨文化交际等

面试官话语的一个基本属性就是外国人话语，面试官需要了解二语习得进程的特点与规律，因此该课题的研究离不开第二语言习得与教学理论的指导。同时，面试官与应试者的对话是一种跨文化交际行为，交际双方都有一个文化适应问题，面试官话语中存在的某些问题可能不是语音或词句的问题，而是文化冲突问题。这就要求面试官了解不同文化交际的共性与差异。因此，面试官话语研究还应具有跨文化交际理论的基础。

总之，面试官话语研究的学科交叉性质明显，涉及语言学、测试学、教育学、文化学等多学科领域，以及语言测试、话语分析、社会语言学、语用学、语言习得与语言教学、认知心理学、跨文化交际等诸多分支学科，这些相关学科理论都可以作为面试官话语研究的理论来源。应该根据所要研究的具体内容，综合借鉴各学科相关理论，确立适切的理论基础和研究思路。

（二）研究方法

面试官话语的研究视角是多方位的，理论基础是多元的，不同的学科视角和理论基础也提供了不同的研究方法。比如普通语言学的思辨性研究方法，社会语言学的社会调查方法，语言测试的实证研究方法，二语习得的实验设计方法等，可以结合具体研究目标选择使用。其中，

语料和语料库方法、转写和标注方法是研究面试官话语不可缺少的基本方法。

1. 语料和语料库方法

不管采用哪种方法，话语研究最基本的方法都是搜集第一手的口语语料。面试官话语所有研究都应该基于较大规模的口语面试语料或语料库展开。比起个案的、举例式的语言研究传统方法，基于语料和语料库的方法能更真实、全面地呈现话语面貌，可以对话语类型及分布进行量化统计，更有利于发现话语规律，是面试官话语研究的第一步。

C-口语面试的实况录像资料为本研究提供了第一手的语料来源，本研究所有语料都来自C-口语面试话语库。C-口语面试的测试对象以日、韩应试者居多，每次考试以应试者个人报名为主，规模较小，人员零散。除此之外，C-口语面试还应一些跨国企业或相关机构要求，为其员工组织集体测试，这种情况下应试者数量较多，各种水平都有分布，可以作为面试官话语研究的理想样本。但是这类理想样本数量有限。本书的研究语料主要来自 2008 年 4 月 21 日和 10 月 27 日韩国某驻华公司员工参加 C-口语面试的实况录像。应试者年龄在 24 ~ 43 岁之间，绝大多数是男性，语言水平参差不齐，其中有 17 名员工同时参加了这两次口语面试。面试官共有 8 位，均是副教授以上的对外汉语教师，在引导技术和评分上具有一定经验，基本都参加了这两次面试。限于人力，我们只转写了 87 场面试的录像资料[1]。如果不加特殊说明，本书的全部语料都来自于此。基于不同的研究目标和统计分析要求，各章在样本选取和语料数量上有所不同。

2. 转写和标注方法

对于话语研究来说，搜集到口语原始语料是最重要的，在此基础上，还要对原始语料进行转写和标注。随着话语分析等学科的发展，转写和标注在语言学领域得到越来越多的研究和讨论。会话是一个多模态的交际系统，对它最理想的转写和标注应该包括跟言语活动有关的各方

---

[1] 北京语言大学 2009 级硕士研究生冯佼佼、马玉红、王保利承担了绝大部分转写任务。

面因素，包括语言、副语言、语境信息等。但是任何一个转写和标注系统都不可能精确地呈现会话全貌，研究者只能根据研究需要有选择地进行转写和标注。因此，会话研究者在使用语料时首先需要确立选择哪些内容转写以及如何进行转写与标注。根据转写内容的详尽或精确程度，可分成宽式转写、中式转写和严式转写。宽式转写是对口语材料最基本的还原，适用于大型口语语料库的建设及个人小规模的语料收集。一般包含如下基本信息：说话人、话轮和语调单位、切断和重叠、较长的停顿（0.3 秒以上）、笑声及无法辨别的发音等（Du Bois 等，1993：46）。中式转写是在宽式转写的基础上增加一些内容，适用于小型语料库，转写者要有一定程度的转写训练。在标注发音时一般需要标注出特殊话语语音成分的声母、韵母及调型。严式转写增加的内容更多，比如非常紧密的接话，特殊音，特别音质，以及其他语音细节。总之，转写的要求越严，越接近会话的原始面貌。

口语语料的转写和标注方法存在多种系统，其中应用比较广泛的系统是 Jefferson Notation（会话分析领域应用最广泛的转写和标注体系）和 DT（Discourse Transcription）会话转写系统。国内汉语界在口语转写时也较多借鉴这两种转写系统，同时结合汉语的特点再进行调整和改造，使其更具有针对性。比如刘虹的《会话的结构分析》（2004）即在上述两种系统的基础上根据汉语特点进行了改写，制订了汉语会话的语料转写和标注框架。本研究主要参考了刘虹的转写和标注方法，同时结合研究内容需要进行了筛选，主要属于宽式转写。转写的内容包括面试官话语、应试者话语、停顿或沉默、话语重叠、部分副语言、部分语境信息等。有些语料中出现了姓名、单位等涉及应试者个人信息的内容，对此以"××"代替。本研究转写时采用的基本符号如下：

=	表示等号下面的话轮与等号上面的话轮没有停顿。
（0.0）	表示以秒为单位的计时停顿或沉默。
（.）	表示少于 0.2 秒的停顿。
:	表示冒号前的语音的延长。每增加一个冒号，就表示多延长一拍。

-	表示右边是左边修正的话语。
(……)	表示根本听不清的话语。
(xxx)	表示听不确切、好像如此的话语。
\\……\\	表示两个符号之间的话语与另一个人的话语重叠。

总之，转写和标注是口语研究的重要环节，也是任务较为繁重的环节，需要按照科学的方法操作。

（三）会话分析理论方法

前文说过，面试官话语研究是一个跨学科的研究课题，其理论和方法基础都是多元的。由于面试官话语是在会话中产生的话语，因此会话分析（conversation analysis）是面试官话语研究最重要的理论和方法基础。

会话分析源于 20 世纪 60 年代末到 70 年代初美国社会学家萨克斯（H. Sacks）、谢格洛夫（E. A. Schegloff）、杰弗逊（G. Jefferson）对日常会话的细微分析，研究互动中的谈话规律，提出新术语"互动中的交谈"(talk-in-interaction)，用于概括一切实时交际过程中自然发生的言语活动，后来即形成著名的会话分析学派。该学派将会话作为独立的研究对象，关注真实世界的语料，关注发生在一定情境中、与上下文有密切联系的交谈，强调对会话进行形式描写和定性分析，并开发了一套独特的分析会话的理论方法框架。这一框架包括将言语交际视为社会互动的理念；包括一套细致、严密的语料转写规则和描述工具（上文已述）；包括"后续话轮验证法（next-turn-proved-procedure）"，即以互动者导向为基础，重视上下文语境，根据后面话轮分析前面话轮的意图，而不是研究者主观臆断；包括一套微观分析会话的工具，提出话轮转换、序列结构、相邻对 / 对答结构、合意结构、预示序列、修正机制、宏观结构、机构谈话等一套概念系统，为分析会话开辟了独特的研究范式。上述理论方法框架为面试官话语研究提供了重要支撑。

1. 话轮及话轮转换机制

（1）话轮的定义

话轮（turn）是 Jefferson 等（1974）提出的理论概念，是会话分析最基本的术语之一，指会话过程中说话者在任意时间内连续说出的一番话，其结尾以说话者和听话者角色互换或各方沉默为标志。（刘虹，2004：46）也就是说，说话人连续地说完一段话，从开始到结束就是一个话轮。后面也许其他人接过了话轮，也许还是他自己说，只是又开启了一个新话轮，发生了话轮的转换。

（2）话轮构成单位

一个话轮可以由单句、复句、句群等多种语言单位构成，这些称为话轮构成单位（turn construction units，简称 TCU）。它具有三个主要特征：一是完整性。一个 TCU 在语法、语调、语用上都是完整的，即合乎语法规则、具有完整的语调、执行一个完整的行为。二是可预测性。即发话人发出一个话轮时，听话人可以预测到这个话轮在什么时候会结束。依据 TCU 在语法、语调、语用应该具有完整性这一标准，人们就可以推断一个话轮的构建是否已经完成，还是马上要完成。三是可转换性。在每个TCU结束的地方就可能发生话轮权的转移，这个地方叫"话轮转换关联位置"（transition relevance place，简称 TRP），指的是一个话轮可以识别的结束位置。

（3）话轮转换规则

话轮转换规则的关键在于 TRP，话轮与话轮之间的转换常常出现在 TRP 上。其标志是：较长的停顿，停顿之前的句子结构及内容相对完整，通常是一个 TCU。当话轮进行到 TRP 时，话轮转换具体规则如下：

规则 1：应用于第一个 TRP。

（a）如果当前发话人选择下一话轮发话人，则被选择者有权利也有义务接起下一话轮，其他任何人都没有权利和义务讲话。在此，话轮转换发生。（b）如果当前发话人没有选择下一话轮发话人，则任何听话人都可以自我选择成为下一话轮发话人，谁先说话谁就可以获得说下一个话轮的权利，即"先说先得"。此时，话轮转换发生。（c）如果当前发话人没有选择下一话轮发话人，而且其他听话人也没有做自我选择，那么当前发话人可以（但不是必须）继续讲话，直到话轮转换出现。

规则 2：应用于以后的每一个 TRP。

如果在首个话轮构成单位的首个 TRP 出现时，上述 1（a）或 1（b）没有出现，而是出现了 1（c），那么当前发话人就会继续讲话。规则 1 反复适用于下一个 TRP，直到实现说话人的转换为止。

上述规则系统可以概括为：同一时间只有一个人说话，现在的说话人结束话轮时会有明显标志，然后将指定下一说话人，或其他参与者自选成为下一说话人。正是由于会话中存在着这一控制话轮交接的规则系统，会话才能有序进行，很少出现重叠和沉默。会话分析学派在该套规则系统中还详细介绍了话轮选择和交接的方式以及保持话轮的技巧。这套系统即为话轮交接系统。

2. 相邻对 / 对答结构

会话分析高度关注交谈中的序列结构（sequence structure），即执行特定言语行为的话轮与话轮之间如何连贯、有序地承接，实现意义的传递。一个相邻对是简单的序列结构，相邻对的扩展和应用形成复杂的序列结构。

相邻对（adjacency pairs）是 Schegloff 和 Sacks（1973）提出的概念，指的是相邻的、总是成对出现的两个话轮。前一部分叫相邻对前件（first pair part 或 FPP），后一部分叫相邻对后件（second pair part 或 SPP）。相邻对是两个言语行为组成的序列，由不同的发话人发出，前件出现通常就预示着后件也会出现。比如：前件是"问候"，后件通常也是"问候"；前件是"询问"，后件通常就是"回答"。常见的前件所施行的言语行为包括致意（greeting）、挑战（challenge）、请求（request）、邀请（invitation）、评估（assessment）、抱怨（complaint）、威胁（threat）、宣告（announcement）等。

刘虹（2004）认为，由于在日常会话中相邻对的两部分常常并不相邻，中间可能会被其他序列隔开，就不采用相邻对这个术语，而是换成"对答结构"这一术语，把相邻对只看作是对答结构的一个基本类型，并将对答结构的第一部分称为"引发语"，第二部分称为"应答语"。本书即采用了对答结构、引发语和应答语这些术语称谓。

3. 合意结构

有的相邻对的后件只有一个，比如"打招呼—打招呼"；但有的相邻对的后件可能包括一系列应对方式，它们与前件的配对地位并不相同。这就存在着优先选择的等级，有的是合意的搭配，有的是不合意的搭配。所谓合意结构（preference organization），即后件是合乎发话人心意（期待）的回答，也称优先结构。合意的应答通常是无标记的，结构简单，迅速发出；而不合意的应答往往是有标记的，形式复杂，以保全交际者的面子。研究者对不合意结构的常见标记做了细致研究，揭示了合意结构规则对会话结构设计的影响。（Levinson，1983；Yule，1996 等）比如，发话人为避免得到不合意的后件，会对前件进行设计，使它更容易得到合意的回应。在口语面试中，面试官在要求应试者做自我介绍时，常说的话是"请你介绍一下自己好吗？""可不可以介绍一下你自己？好让我对你有更多的了解。""你愿意介绍一下自己吗？"这是为了避免直接命令引发反感而添加了礼貌性标记。再如，在"请求—答应"对答结构中，为避免得到不合意的回答，发话者常常在请求之前增加一个试探性的序列结构，然后再进一步提出请求（如例 1.1），从中可见合意结构规则对会话序列结构设计所起的作用。

例 1.1：

甲 1：你下午有空儿吗？

乙 1：有空儿。

甲 2：那我去找你，想跟你谈谈我的论文，请你帮我出出主意。

乙 2：好的，来吧。

甲 2—乙 2 是一个"请求—答应"对答结构，为避免乙因没有时间而拒绝请求，甲在此之前增加了一个序列结构，探知甲下午有空儿才发出请求。甲 1—乙 1 就是"请求前序列"（pre-request sequence），即在请求之前增加的序列。

4. 预示序列

预示序列（pre-sequences）指的是在以言行事前，为防止对方给出不合意的应答，先用某些话语进行探听，看可否向对方实施某一言语行为。预示序列是为表达"请求""邀请""宣告"等言外之意的最典型的会话结构格式。除了例1.1中出现的"请求前序列"之外，还有"邀请前序列"（pre-invitations sequence）、"宣告前序列"（pre-announcements sequence）等。在口语面试中，面试官在要求应试者完成一个叙述或议论任务时常使用提问前序列（如例1.2）。在要结束考试时常使用告别前序列（如例1.3）或宣告前序列（如例1.4）。

例1.2：

面试官：你喜欢旅游吗？（辅助发问）

应试者：喜欢。

面试官：那好，请你介绍一次你最难忘的旅行经历吧。（核心提问）

应试者：好的。……

例1.3：

面试官：这几天有什么打算吗？

应试者：有，我打算去颐和园、故宫还有长城。

面试官：好啊，那祝你在北京玩得开心。再见！

应试者：好的，老师再见！

例1.4：

面试官：今天聊得很愉快，谢谢你让我了解了很多韩国文化。

应试者：啊，别客气老师，我也很愉快。

面试官：那好，我们就到这里吧，考试结束了。

应试者：啊，那我可以走了，谢谢老师！

5. 修正机制

修正（repair）是指当会话中出现问题（包括口误、话语内容上的错误、没有听清、误解等）时交际者采取一定的办法解决这些问题的行为。修正的对象未必就是所谓的错误，比如用一个通俗的词替换一个文绉绉的词，或者增加例子等，都算修正。会话分析学派将修正分成"自我引发、自我修正""他人引发、自我修正""自我引发、他人修正""他人引发、他人修正"等四种行为类型，并认为四种修正行为中存在着选择的等级。关于修正及其行为类型的介绍详见第五章。

以上概念系统是会话分析学派对会话研究的独特贡献，为会话研究提供了独到的研究视角和分析框架，不仅可以用来分析会话的微观结构，在描述会话的宏观结构方面同样具有解释力。

6. 宏观结构

在会话的宏观结构（overall organization）中，研究比较充分的一类会话是对电话交谈的研究，包括电话交谈开头的结构、结束的结构及叙事的结构等几个部分。关于会话的开头，研究了电话交谈开头的多种形式，一般都包括对对方身份的辨认、进行问候等序列结构。关于会话的结束，主要研究了电话谈话的告别前序列方式，比如使用"好的""那行""我明白了""耽误你时间了""时间不早了"等手段互相协商地结束会话。关于会话的主体——叙事，主要研究了电话谈话中交谈者如何获得讲述故事的权利，如何使自己的故事适合特定听众，听话人如何鼓励和引导讲述者完成故事的讲述等。

7. 机构谈话

机构谈话（institutional talk）与日常谈话在形式特征上最显著的差异表现在话轮转换方式、话轮次序、话轮大小与话轮类型等方面。后者都是由交际者临时决定的，而前者一般是预先决定的。通常是代表机构的一方提问，另一方回答。即使他们在完成其他任务时也一般要把这些任务放到"提问—回答"的框架中。比如，在口语面试中，表面看面试官在不断地提问，其实已经引导应试者进行了描述、叙事、议论、辩论等一系列任务类型。

概括来说，机构谈话具有以下主要特点：一是具有明显的目的性或任务性。至少有一方代表着特定机构，遵循着事先规定好的一些目标或者任务。比如口语面试中面试官话语具有很强的目的性，根本任务就是引导应试者多说，完成不同难度的任务，以考查应试者的口语能力。二是会话者的地位不对等。比如 C- 口语面试中面试官是提问者，控制谈话的内容和走向，应试者只是被动应对。三是对会话的一方或双方有特定限制。比如 C- 口语面试严格规定面试官不能说得太多，其话轮构成单位应力求最短，尽量让应试者保持较长的话轮。另外，面试官尽量不要修正应试者，不要对应试者话语做评价等。还有，规定双方都只能用汉语进行会话。四是可能存在特定的会话程序。比如 C- 口语面试就有三个环节、四个阶段的统一的会话程序。按照上述特征判断，C- 口语面试应该是一种机构谈话。

机构谈话与日常会话的研究方法基本一致。此外，会话分析学派在研究机构谈话时常常采用对比的方法，即把机构谈话与日常会话进行对比，以期找出机构谈话的特点，这是研究机构谈话的一个基本原则。会话分析学界对多种多样的机构性谈话进行过研究，研究者一般把机构性谈话分成两类：一类是正式的机构谈话，如法庭、面试、采访等；另一类是非正式的机构谈话，如医院、心理诊所、服务场所等。研究的主要内容包括：词句选择、话轮设计、序列结构、宏观结构、社会关系等。以 C- 口语面试这一机构谈话为例，在词句选择上，面试官应尽量减少机构谈话色彩。在措辞上，尽量少用"考试""下面请你回答""我再问你一个问题""我们换一个话题"等明显具有考试程序性的词语，要不露声色地选择和控制话题。在话轮设计上，需要研究某一个话轮是完成什么行为，以及要完成一个行为需采用什么方式。比如面试官想结束话题时，通常会问"下一步你有什么打算？"这一话轮表面上是提出了新的问题，实际上在口语面试中一般预示着面试官结束了反复评估环节的提问，想要结束会话。在序列结构上，总体来说，机构谈话中的"提问—应答"序列是最常见的。在口语面试中同样如此，提问对于面试官来说是最重要的话语。在宏观结构上，正式的机构谈话常常有固定的程序，C- 口语面试即分成热身、反复评估、结束三大环节，在反复评估环节，又有描述、叙述、议论、辩论四大阶段，不同环节、不同阶段的会话结构各有其模式和规律，这些构成了面试的宏观结构。这一整体结构是由不同环节、不同阶段的局部结构综合构成的，需要从局部到整体、从微观到宏观地进行细致研究。在社会学层面上，一个重要课题是研究机构谈话中存在的不对等关系（主要是决定话语权的关系不对等）。如在口语面试中，都是面试官提问，引导应试者完成各种任务，控制着谈话走向和考试进程，而应试者只是被动回答，对会话的程序、走向都不太清楚。这种社会关系决定了代表机构的一方在说话时总是很谨慎，或者总是保持中立立场。面试官说话时总是每一个提问都有指向有意图，而且对应试者的回答内容一般不做评价。

会话分析对机构谈话所进行的深入研究，常常被用作改进公共机构工作的依据。本书对 C- 口语面试的研究也可以借鉴这些方法和成果，为面试实践提供科学指导。

总之，会话分析以会话为研究对象，形成了一套系统的研究会话的理论和方法，其独特的研究取向和研究路线深深地影响了语言学的话语研究，也为本研究提供了理论和方法基础。需要说明的是，会话分析并不是本研究唯一的理论和方法来源。由于汉语口语考试面试官话语研究这一课题具有很强的交叉性，涉及语言学、教育学、心理学、文化学等多学科领域及其诸多分支学科，汉语语言学、话语分析、语言测试、社会语言学、语用学、第二语言教学与习得、跨文化交际理论等相关学科的理论和方法都可以作为面试官话语研究的理论和方法来源。也就是说本研究的理论基础和方法论是多元的，根据具体研究的问题，综合调用相关学科的理论和方法，"博采众长"，"为我所用"。

第四节　理论意义和应用价值

在面试型口语考试中，面试官引导技术是影响面试可靠性和有效性的最重要因素，而面试官引导技术主要体现在面试官话语的使用上。关于面试官话语的国内外研究非常缺乏，本研究致力于这一课题，无论在理论层面还是应用层面都有一定的研究价值。

一、理论意义

（一）有助于会话分析及话语分析等学科的理论建设

会话分析和话语分析的研究对象多是日常会话语境下的话语，而对第二语言的教师话语缺少研究，对口语考试面试官话语更是乏人关注。作为跨文化交际语境下一类特殊的话语，面试官话语及其引导技术的研究会拓展会话分析的研究领域，也将为话语分析理论体系的完善做出贡献。

（二）有助于第二语言测试及教学的理论建设

第二语言测试与教学是交叉性很强的学科，到目前为止，无论是教学理论还是测试理论的研究都处于待发展阶段，许多课题有待开发。以第二语言口语测试和口语教学研究为例，面试官话语和口语教师话语对测试和教学的质量具有重要影响，但却始终缺少关注。作为一个特殊的研究对象，面试官话语既有语言的属性，也有教育的、心理的属性，更有二语教学和测试的属性。对这一特殊对象进行多角度研究，会对第二语言测试与教学的理论建设起到一定推动作用。

（三）有助于社会语言学的理论建设

面试官话语是存在于特定语域中的一种话语形式，既不同于日常会话中对话者的话语，也不同于使用学生母语进行的教学或测试语言，还不同于第二语言课堂教学中的教师话语，又不同于电视访谈节目或其他场合的主持人话语。在社会语言学研究领域，它可以被看作是语言的行业变体，既具有其自身的特殊性，又有其内在的规律性。开展面试官话语的相关研究可以丰富社会语言学对特殊语域语言变体的理论认识，拓展社会语言学的理论研究范围。

二、应用价值

（一）有助于提升面试官引导技术和面试质量

面试官话语运用的好坏，直接关系到口语测试的效率和质量。测试实践中不乏这样的实例：有的面试官说的话比应试者说的话还多，面试官用很长的一段话提出一个话头，应试者却没听懂，面试官再进行解释，最后应试者听懂了却只用一句话就完成回答。有的面试官频频使用封闭性提问的话语，大量的发问却只换来应试者的只言片语。面试官话语占据了大量测试时间，所获得的应试者话语却非常有限，这就难以在规定时间内有效地评测出应试者的口语水平，从而降低了口语面试的效度和信度。通过对面试官话语的深入研究，寻找话语引导规律，探究话语引导策略，确定话语引导模式，有望提升面试官引导技术，提高口语面试的效率，从而保证口语面试的质量。

（二）有助于改善面试官培训效果

不论是在大规模的第二语言测试中，还是在第二语言教学的分班测试和成绩测试中，尽管不乏采用口语面试的组织形式，但对面试官的培训大都比较随意，有的甚至不搞培训。一般来说，对面试官的培训多是侧重在任务设置以及评分标准方面，较少有对面试官话语的培训，这是因为缺少面试官话语的引导技术模式和评价标准。长久以来，在第二语言教学和测试中，教师和面试官多是凭借感觉或经验进行授课或测试，有关教师或面试官话语应该是什么样、为什么要这样以及怎样做到这样等，并没有进行过深入研究。这样一来，在口语测试中就难免形成面试官对应试者想怎么说就怎么说、想说什么就说什么的局面。面试官话语研究的成果应用到面试官培训中，有望从根本上改变这种局面。

（三）有助于提高第二语言口语教学质量

面试官话语与口语教学课堂上的教师话语既有差异，也存在共性。比如在提问、反馈及会话修正等方面具有一些相同的方法或规律。将对面试官话语的研究成果应用到第二语言口语教学实践中，有助于提升口语课堂教学的效率和效果，对第二语言口语教师的师资培训也有一定借鉴意义。

第二章
面试对答结构研究

第一节　概　述

一、研究目标

C- 口语面试采取面试官与应试者一对一面谈的组织形式，面试官主要担任话题的引发者，应试者主要担任应答者。整个面试进程由一个个彼此关联、类型各异的对答结构组成，类似日常生活中的对话，又有口语面试的特征。研究面试官话语的引导技术，首先需要了解口语面试的会话结构特征，既包括微观结构，也包括宏观结构。本章旨在探索C- 口语面试的对答结构特点和规律，主要研究以下几个问题：

1. C- 口语面试中面试官与应试者会话的对答结构如何界定？有哪些类型？

2. 各种对答结构类型在面试会话中如何分布？有何作用？

3. 不同等级的面试过程中对答结构分布有何差异？

4. C- 口语面试与自然会话的对答结构有何不同？

5. C- 口语面试不同阶段的对答结构有何特点？

6. C- 口语面试对答结构方面存在哪些问题？有何改进建议？

二、理论和研究综述

（一）对机构谈话的会话结构研究

会话分析研究领域，不乏对各种机构谈话的会话结构所开展的研究。这方面的研究又包括两类：第一类是对机构谈话宏观结构的研究，如研究会话的开头、展开和结尾等；第二类研究机构谈话各方参与者之间的互动模式，如对话轮交接系统的研究、对引发语与应答语互动模式的研究等。例如：Antaki 等（2002）、Jingree 等（2006）通过对学习障碍者与其看护者的会话中引发语与应答语的观察，研究了此类会话中的话轮交接模式和互动关系。梁婷（2007）、卢星辰（2009）等探讨了医患之间的互动模式，对医患会话的整体结构（开始、主体和结束）、话轮转换机制、反馈项目及相邻对等进行了研究。Iannuzzi（1982）、Trosborg（1995）、廖美珍（2002）、谭玥和陈大明（2003）、余素青（2006）等对法庭环境下的会话进行了研究，深入分析了法庭会话的结构、法庭言语的语境制约因素、法庭言语角色及其言语特征，以及法庭论辩的语言策略、话语标记、语用功能等一系列问题。代树兰（2007）等对电视访谈类会话进行了研究，分析了谈话开始、结束和话题推进三部分的会话词句使用特点，又从话轮结构、话题结构和叙事结构等方面分析了电视访谈的会话结构及会话策略等。王一安（2009）等应用话轮转换理论研究了大学英语四六级口试中小组讨论环节的话轮转换，总结了平等交互式口试中不同种类话轮的使用情况、话轮分配方式和话轮更迭方式等。这方面的国内外研究成果比较丰富，不再细述。

（二）基于相邻对的对答结构研究

Sacks 于 1964 年在一次关于"会话序列的规则（rules of conversational sequence）"的讲座中对一些电话录音进行了分析，把会话的一方打招呼、另一方紧接着回应而形成的交换（exchange）看作一个分析单位，认为这种一问一答的话语形式是成对出现的，前一个人的话限制后一个人的话语形式。1973 年 Schegloff 和 Sacks 在研究中将日常会话中像"致意—致意""询问—回答""要求—接受"这样的相关语句成对出现的现象命名为"相邻对（adjacency pair）"，将前后语句分别称为相邻对前件（first pair part）和后件（second pair part），并提出相邻对的五个特征：由两个话轮构成；两个话轮相接；两个话轮各由不同的说话者说出；第一部分（相邻对中起引发作用的话轮，通常是第一个话轮）在第二部分（紧跟在第一部分之后的话轮）之前；第一部分所属相邻对的类型关系到第二部分的选择。此外，他们还提出了相邻对的运作规则：前件一旦做出，当前说话人就立该停止说话，下一个说话人则应该开始讲话，直到完成该前件要求的后件为止。

相邻对的概念在会话分析中非常重要，但也有其局限性。因为日常会话中，组成相邻对的两个语句常常并不相邻，中间可能插入其他话轮。为此，刘虹（2004）提出用"对答结构"这一术语表示语义上相关且有引发和应答关系的成对的话轮，把相邻对只看作对答的一种基本类型，并将对答中起引发作用的前件称为引发语，后件称为应答语。对答强调的是两个话轮在功能上具有引发与应答的呼应关系，形式上不限于相邻的两个话轮。刘虹（2004）又在相邻对特征的基础上重新归纳出对答的四点特征：由两个或两个以上分属不同话轮的连续语句构成；这些语句分别由两个或两个以上的人说出；语句的顺序是固定的，即引发语在前，应答语在后；引发语和应答语相互关联，引发语对应答语的生成和选择有一定的制约作用，即引发语发出后应该引发相对应的应答语。

刘虹（2004）对对答结构的研究是在相邻对理论的基础上进行的，是对相邻对理论的完善，也是本章研究的主要理论基础。

（三）基于 IRF 结构的课堂会话结构研究

以 Sinclair 和 Coulthard（1975）为代表的英国伯明翰学派在系统研究了课堂师生互动之后，提出了一套课堂话语分析的等级结构模式，由五个层级构成，即课（lesson）、段（transaction）、话回（exchange）、话步（move）、话目（act）。其中课是最高层级，它由段组成；段由话回组成，即一个交际回合，一般由三个话步即教师引发（initiation）、学生应答（response）和教师反馈（feedback）组成，简称为"IRF结构"。引发是一个对答的起始，应答是针对引发话步的答语，附和是对应答的一种反应或反馈。话步由话目组成，话目是最小结构单位，在语言表现形式上相当于一个子句。

有的学者对这种结构模式提出质疑，认为其并不能概括所有的课堂会话。比如，Burton（1980）对这种结构模式进行了修改，认为会话中每个话回的结构应该以两步为基础，一个引发对应一个回应，下一个引发引出另一个回应，直到会话结束。总体来说，伯明翰学派主要是从对答的整体结构入手，认为对答结构的主体是三步结构，并研究了"IRF"结构的各种变体，但未对此三步结构进行更为细致的分类。后来的研究者在此基础上对不同场合的会话进行了研究，在具体分类上有所发展。

国内学者李悦娥和范宏雅（2002）在伯明翰学派的研究基础上，分析了国内多所高校英语专业口语课的课堂录音，归纳出英语口语课堂的四种会话结构类型：（1）IRF，即引发—反应—反馈结构。（2）IRFR，即引发—反应—反馈—反应结构。（3）IR[I1R1(I2R2)]F，即教师发问后，一个或几个学生做出反应后，教师可对学生的不确切的答案进行反馈，也可以不予反馈，而是进一步发问，让学生做出比较确切的答案后再进行反馈。（4）IR1F1/R1F2，即教师发问后，一个或几个学生做出反应，教师对此给予信息反馈，如果这时教师没有迅速转入下一个话题，可能再有其他学生对教师起初的发问做出反应，然后教师再一次给予信息反馈。该研究结合话轮转换理论发现其对口语教学的启示，进而结合认知科学对口语课堂的互动模式进行了深层研究，对英语口语教学实践具有一定指导作用。范文芳和马靖香（2011）的研究发现，IRF三话步回合交互模式是中国外语教学课堂上师生所使用的主要互动形式，但在英语教学的不同阶段，这个模式呈现出不同形式，这是不同交际模式的体现。谭晓云（2007）则从反馈语不能算作独立话轮的角度，提出课堂会话中对答结构是以"相邻对"为主，而非IRF结构。

虽然本章研究对伯明翰学派对反馈的界定及将反馈划入对答结构的

做法均有异议，但在 IRF 模式中，"基本结构加变体"的归纳方法为本章对答结构类型的划分提供了可资借鉴的思路。

（四）对口语考试会话结构的研究

卫乃兴（2004）从"大学学习者英语口语语料库（COLSEC）"中抽取了 15 场口语考试语料，对中国大学生英语会话中词块使用、话语结构和会话管理策略三方面的特征进行了研究。语料涵盖口语考试的三部分内容：教师—学生晤谈型会话、学生—学生讨论型会话、教师—学生讨论型会话。其中在话语结构方面，研究发现主要呈现为 IRF 结构，并描写了若干变体形式，总结了不同变体出现的环境（三种不同谈话类型）及发生概率，重点研究了 F 话步的话语功能、实现手段与出现频次。作者将这些数据与 Sinclair 和 Coulthard（1975）论述的模式进行对比后发现有同有异，认为"这与学生的文化背景、讨论话题、交际双方的角色关系、具体的语境因素都有关系，与他们的语言能力也不无关系"。卫乃兴（2004）开拓性地对英语作为第二语言学习者在口语测试中的会话结构进行了分析，并与英语母语者的会话结构模式进行了比较，对本章研究有一定的参考价值。略有遗憾的是，在该研究中会话只分为晤谈型（面试型）与讨论型，并没有将"教师—学生"与"学生—学生"这两类会话分别进行研究，而这两种类型的会话结构应该是有不同特征的。

秦娟（2008）则基于中国学生英语口笔语语料库中的 33 份口语语料研究了测试环境下"应试者—应试者"的会话结构。研究所选语料为英语专业四级（TEM-4）考试口语考试的角色扮演部分，即为应试者与应试者之间的会话。研究采用伯明翰学派的 IRF 模式，统计了 IRF 结构不同变体出现的频次，并分析了原因。研究还发现"引发语"是造成交换 / 对答结构多样化的决定因素。

其他关于测试环境下会话结构的研究还有李涛和李洪峰（2006）对 PETS 英语口试中应试者话轮特点的研究。PETS 口语考试包括"应试者—应试者"和"面试官—应试者"两种会话类型。论文分析了两种会话类型中话轮转换模式的不同特点，并与自然会话的对答结构进行了对比。在此基础上，结合对部分面试官和应试者的访谈，总结了口语考试中应试者方面存在的问题，并对英语学习提出建议。

目前对汉语作为第二语言的口语考试进行会话分析的研究还非常有限，但以上对英语口语考试会话结构的研究可以为汉语口语考试会话结构研究提供借鉴。

三、研究思路

（一）研究语料

本章抽取了 45 场面试的转写语料，其中初、中、高三级水平应试者语料各 15 份，应试者均为男性。由于话语中的停顿、沉默、声音延长等非语言因素与本研究关系不大，因此在本章举例中未予显示。本章用符号"["标示一组对答，用行末的数字标示话轮次序。

例 2.1：

┌甲：现在几点了？   1
└乙：一点半。   2

（二）研究步骤

在第一手研究材料基础上，本章主要运用会话分析的理论和方法，特别是刘虹（2004）关于对答结构的研究成果，同时借鉴伯明翰学派 IRF 结构模式相关研究，对面试型口语考试中面试官与应试者的对答结构类型进行定性分析，从功能和形式两方面对面试对答结构进行分类描写。

运用统计分析手段，揭示各类对答结构在面试中的整体分布特征，以及在不同等级面试中的分布情况，探讨不同对答结构类型在会话进程中所起到的作用。同时结合统计数据，对语料中的反馈现象及其功能进行简要分析。

运用对比分析方法，除了对不同等级面试进程的对答结构分布进行比较之外，还将面试型口语考试的对答结构与自然会话结构进行比较，揭示异同。

宏观与微观分析相结合，探讨面试不同阶段的整体结构特点及对答结构类型，分析面试型口语考试中不同阶段的会话展开方式。

基于上述研究结果，总结汉语作为第二语言口语考试对答结构的规律和存在问题，对面试官引导技术提出相关建议。

第二节　对答结构的界定

一、对答

本章在对语料进行话轮标注时，采用了刘虹（2004）的做法，以下几种形式不算作话轮：（1）两个人同时开口说话，其中一个人马上退出后形成的残缺的语言形式；（2）说话者被听话者打断，残缺的语言没有表达完整的意义，对会话的进行没有影响；（3）听话者预测到并与说话者同时说出说话者想要说的话；（4）反馈项目①。根据刘虹（2004）的定义，反馈项目不算话轮，而对答是由话轮构成的，那么在划分对答结构时，反馈项目是应该排除在外的；但从刘虹（2004）所举的例子来看（例2.2），反馈并未排除在对答结构之外。

例 2.2：

```
┌甲：你什么时候走？（询问）            1
│乙：马上走。（回答）                 2
└甲：噢。（反馈）                     3
```

---

① 刘虹（2004）认为"反馈项目"必须满足六个条件：（1）由听话者发出；（2）客观上不打断说话者的话轮；（3）主观上没有索取话轮意向，而是鼓励说话者保持话轮；（4）形式上比较简短；（5）内容上不提供新信息；（6）不充当对答结构的引发语。需特别说明的是，本章的"反馈"与第四章中"反馈"界定不同，前者是狭义的概念（倾向于 feedback），后者是广义的概念（倾向于 response）。为研究方便，并未做统一界定。

本章在划分对答结构时，未将反馈划入对答结构，以例 2.2 为例，做以下处理：

> ┌ 甲：你什么时候走？（询问）   1
> └ 乙：马上走。（回答）   2
>   甲：哦。（反馈）

对答指的是某一说话者的话轮结束后直接引出另一说话者提供意义相呼应的另一话轮。其中引出相关语句的话轮称为引发语，被引出的话轮称为应答语。这里"引发"是就话语在会话中的功能来定义的，其对应的句类不限于疑问句。

例 2.3：

> ┌ 甲：北京的气候我不太适应。   1
> └ 乙：嗯，北京冬天太干。   2

在例 2.3 中，话轮 1 是陈述句，话轮 2 显然是由这一陈述句所引发的对话轮 1 的应答——对话轮 1 表示理解和赞同。因此话轮 1 和话轮 2 组成一组对答，话轮 1 是引发语，话轮 2 是应答语。

在此还需说明两种情况。一种是在会话的其中一方（暂称作"甲"）做出应答后，另一方（暂称作"乙"）为了使气氛友好、交谈更自然，有时不会直接开始新的对答，而是先对甲的应答进行类似反馈的行为（满足反馈项目定义的 1、4、5、6 条），但接下来则是要索取话轮（违反了反馈项目定义的第 2 条）。刘虹（2004）在划分对答结构时，将这种形式记为反馈，我们觉得有悖其定义，因此并不把这种情况算作反馈，而是算作话轮的一部分，都作为对乙的话轮的应答。

例 2.4：

> ┌ 面试官：你的家人也在中国吗？（询问 1）   1
> ├ 应试者：我太太在北京。（回答 1，陈述 1）   2
> ├ 面试官：哦。她也适应在中国的生活吗？（回应 1，询问 2）   3
> └ 应试者：她说她喜欢北京。（回答 2）   4

话轮 3 中的"哦"，如果不考虑其后面的话，应该是对话轮 2 的反馈。但从后面的部分判断，面试官主观上是要索取话轮的，因此不符合本章关于反馈的定义。在这里，我们将话轮 2 看作引发语，话轮 3 的第一部分"哦"作为其应答语。

另一种情况是听话者得到话轮时，开头有"嗯""啊""好"等词语，形式上也像对上一话轮的反馈；但仔细观察后我们发现，这种词语只是说话者在思考时的填充性话语，而非反馈。

例 2.5：

- 面试官：你有出差的经历吗？　　　　　　　　　　　　　　1
- 应试者：经常出差。　　　　　　　　　　　　　　　　　　2
- 面试官：嗯：嗯：好，现在你看下这幅图片，告诉我们图片上有什么。
　　　　　　　　　　　　　　　　　　　　　　　　　　　　3

根据视频材料判断，这组对答中话轮 3 开头的"嗯"是面试官在思考如何组织后面的语言，在语调上表现为拖延。这种情况我们不把话轮 3 看作话轮 2 的应答语。

二、对答序列

上文已述，对答由两部分（两个话轮）组成：引发语和应答语。但实际会话中，往往出现几个连续的话轮因具有引发和应答的关系而以各种形式组合在一起的情况，这些话轮组成的对答环环相扣，无法割裂，构成一个个对答序列。

例 2.6：

- 面试官：时间到了，准备好回答了吗？（引发语 1）　　　　1
- 应试者：准备好了，我现在可以说了吗？（应答语 1，引发语 2）2
- 面试官：可以。（应答语 2）　　　　　　　　　　　　　3

这个例子是由三个话轮、两组对答构成的一个对答序列。在对会话结构进行宏观分析时，我们首先将会话划分为一个个对答序列，一个对答序列中可以有多组对答，也可以只有一组对答。

例 2.7：

| 面试官：你好，欢迎来参加我们的考试。（引发语 1） | 1 |
| 应试者：你好。（应答语 1） | 2 |

面试官：请你先简单介绍一下你自己好吗？（引发语 2）	3
应试者：哪方面的？（引发语 3）	4
面试官：你的基本情况。（应答语 3，引发语 4）	5
应试者：基本情况？嗯，我叫 ××，37 岁，来中国四年了。	
（应答语 2、4）	6

在这个会话片段中有两个对答序列，话轮 1 和话轮 2 构成第一个对答序列，这个对答序列中只有一组对答。话轮 3 到话轮 6 构成第二个对答序列，包含 3 组对答。

第三节　对答结构的类型

一、对答的功能结构类型

Richards 和 Schmidt（1983）在 Sacks 等的研究基础上提出了 8 种对答结构：致意—致意（greeting—greeting），呼唤—回答（summons—answer），询问—回答（questioning—answer），告别—告别（farewell—farewell），赞扬—接受/同意/否定/转题/回报（complain—acceptance/agreement/rejection/shift/return），抱怨—道歉/否认/借口/争辩/质问（complaint—apology/denial/excuse/justify/challenge），提供—接受/拒绝（offer—accept/reject），请求—应允/搪塞/质问/拒绝（request—grant/put off/challenge/refusal）。刘虹（2004）发现这 8 种功能结构类型并不能概括所有的汉语会话对答结构，于是对对答的功能结构类型重新进行了归纳，原则如下：

（1）当一种引发语和另一种引发语功能相近时，则考察它们是否具有相同的应答语选择范围。如果应答语选择范围不同，那就分属两类不同的对答结构。

（2）如果一种引发语与另一种引发语功能相近，而且应答语的范围也无本质区别，那么就将它们归为一种对答结构。

按照这种原则，刘虹（2004）将汉语日常会话归纳出 15 种对答功能结构类型：

（1）致意—致意；（2）告别—告别；（3）呼唤—回答；（4）询问—回答；（5）道歉—宽慰/责备；（6）祝愿—感谢/祝愿/宽慰；（7）介绍—致意/介绍；（8）建议—同意/搪塞/反对/质疑；（9）陈述—回应/陈述/补充/肯定/质疑/确认/提问/否定；（10）感谢—谦虚/感谢；（11）提供—接受/谢绝/搪塞/质疑；（12）指责—道歉/否认/借口/承认/争辩/挑衅；（13）赞扬—谦虚/感谢/赞同/赞扬；（14）要求—接受/推迟/搪塞/拒绝/质问；（15）祝贺—感谢/谦虚/祝贺。

运用上述分类原则，我们对 C- 口语面试语料进行了归类分析，发现有些对答功能结构类型不在这 15 和之列。如在口语考试中常常出现这种情况：应试者在回答或陈述时，受语言水平所限，会在某个地方停止讲话，此时面试官一般会提示或纠正。这种对答结构未有提及。同时，由于面试型口语考试的特殊性，上述 15 种对答结构中只出现了部分功能类型。

为此，根据实际语料，我们对 C- 口语面试中出现的对答功能结构类型重新进行了归纳。从引发语的功能出发，划分出 10 种基本类型：（1）致意类；（2）要求类；（3）介绍类；（4）询问类；（5）陈述类；（6）求助类；（7）告别类；（8）祝愿类；（9）感谢类；（10）提示类。在此基础上，根据各类中可能出现的应答语，将这 10 种基本类型详列如下：（1）致意—致意；（2）要求—接受/推迟/搪塞/拒绝/质疑；（3）介绍—致意/欢迎；（4）询问—回答/拒绝/迟疑/搪塞；（5）陈述—陈述/补充/肯定/质疑/确认/求证/否定/提示；（6）求助—提示/拒绝；

（7）告别—告别;（8）祝愿—感谢／祝愿／宽慰;（9）感谢—谦虚／感谢;
（10）提示—接受。

以上分类有两点需要说明：第一，确定对答功能结构类型时，我们考虑的是引发语的功能，而非句子类型。例如要求类的引发语可能是祈使句，如："请你描述一下这幅画的内容！"也可能是疑问句，如："你能描述下这幅画的内容吗？"第二，"提示类"的引发语包括提示和纠错两种。在考试中面试官有时会对应试者的错误表达进行纠正，或者在应试者不知如何表达时给予提示，由于这两种行为都是为了促使应试者做出正确表达，是对应试者的提示和引导，因此本章将这两种情况下的对答都归入"提示类"。

在上述类型的应答语中，有些会引发新话轮，如要求类和陈述类中的"质疑"类应答语，此时该应答语同时具有了引发语的性质，与其后的应答语组成新一轮对答，此轮对答的功能结构类型则根据以上原则重新界定。

例 2.8:

┌ 甲：我觉得这钱是他张三偷的。（陈述 1）   1
├ 乙：你凭什么认为是他？（质疑 1，询问 1）   2
└ 甲：因为那天只有他加班。（回答 1）   3

在这段对话中有两组对答，话轮 1 与话轮 2 组成第一组对答，为"陈述—质疑"类，话轮 2 与话轮 3 组成第二组对答，为"询问—回答"类。

二、对答的形式结构类型

对答的形式结构类型，即按照"对答"在实际会话中的结构组合形式划分的类型，考察不同的对答在会话过程中是如何按照一定规则有序地衔接在一起的。有的学者用"会话的序列结构"来表述这一概念（于国栋，2008）。

刘虹（2004）将对答结构的形式分为毗邻式和嵌入式两大类，本章在此基础上又增加一种新的类型，将对答结构分为以下三种形式。

（一）毗邻式

毗邻式对答结构包括毗邻双部式和毗邻多部式两种结构形式。其中毗邻双部式结构是指"那些由相邻的引发语和应答语两部分构成的对答形式"（刘虹，2004）。

例2.9：

┌甲：你叫什么名字？（引发1）
└乙：张三。（应答1）

而毗邻多部式结构是"由分属不同话轮的两个以上的相邻语句构成"，"这种结构的中间部分兼有引发语和应答语双重功能"（刘虹，2004）。

例2.10：

┌甲：我们什么时候去吃饭？（引发1）　　　　　　　　　1
├乙：十一点半怎么样？（应答1/引发2）　　　　　　　　2
├甲：行，到时候再给你打电话吧。（应答2，引发3）　　3
└乙：好的。（应答3）　　　　　　　　　　　　　　　　4

这个对答序列包括"询问—回答/询问—回答/建议—同意"四部分。话轮2、话轮3都兼有引发语和应答语的功能。

（二）嵌入式

嵌入式对答结构是指在一组对答的引发语和应答语中间嵌入其他对答结构的形式。刘虹（2004）将其分为三种：单层嵌入式、多层嵌入式和毗邻与嵌入综合式。

单层嵌入式是指对答的引发语和应答语之间嵌入另一个对答结构。

例 2.11：

┌ 面试官：你觉得汉语难吗？（询问1）
├ 应试者：说还是写？（询问2）
├ 面试官：都算。（回答2）
└ 应试者：说汉语不难，汉字很难。（回答1）

这种对答结构中间还可以再层层嵌入其他对答，成为多层嵌入式。

毗邻与嵌入综合式是指"在对答的引发语和应答语之间嵌入多组毗邻式对答的结构形式"（刘虹，2004），本章简称为"综合式"。刘虹（2004）所举的例子皆为毗邻式对答中嵌入多组毗邻双部式的结构，而本研究认为引发语和应答语中嵌入毗邻多部式的情况也应归入综合式。

例 2.12：

┌ 面试官：如果一个年轻人经常换工作，你觉得他的态度有没有问题？
├ 应试者：态度？
├ 面试官：明白吗？
├ 应试者：他的看法是吗？
└ 面试官：对。
应试者：我觉得有问题。

此外，还有一种情况我们也归入综合式，即毗邻多部式的其中一部嵌入一组或多组对答的情况。

例 2.13：

┌ 面试官：请你讲一下这幅图的内容。
├ 应试者：这是饭店里吗？
├ 面试官：你觉得是什么就说什么。
├ 应试者：嗯，这是我和我的老板去住饭店。这样说可以吗？
└ 面试官：没问题。

（三）复杂式

在观察 C- 口语面试语料时，我们发现一种未曾被提及的对答形式结构类型。先来看下面这组对话：

例 2.14：

┌─ 面试官：现在请你看一下这张图，然后说一说图中的内容。
│　　　　　（要求 1）　　　　　　　　　　　　　　　　　1
┌─ 应试者：说什么都可以吗？（询问 2）　　　　　　　　 2
├─ 面试官：对，你看到这个图上有什么？（回答 1，询问 2）3
└─ 应试者：嗯，图上有四只马和小河。（接受 1，回答 2）4

该例在对答的引发语（话轮 1）和立答语（话轮 4）中间插入了其他对答结构，但不同于前文中提到的嵌入式结构，该结构中所插入的对答与最外层的对答共用一个应答语（话轮 4），我们将这种结构称为"复杂式"。

三、小结

综上所述，面试型口语考试中的对答结构类型可用表 2-1 表示。

表2-1　C-口语面试对答结构类型

对答的功能结构类型		对答的形式结构类型	
（1）致意类	致意—致意	（1）毗邻式	毗邻双部式
（2）要求类	要求—接受/推迟/搪塞/拒绝/质疑		毗邻多部式
（3）介绍类	介绍—致意/欢迎		
（4）询问类	询问—回答/拒绝/迟疑/搪塞/质疑	（2）嵌入式	单层嵌入式
（5）陈述类	陈述—陈述/补充/肯定/质疑/确认/否定/提示		多层嵌入式
（6）求助类	求助—提示/拒绝		毗邻与嵌入综合式

对答的功能结构类型		对答的形式结构类型
（7）告别类	告别—告别	
（8）祝愿类	祝愿—感谢/祝愿/宽慰	（3）复杂式
（9）感谢类	感谢—谦虚/感谢	
（10）提示类	提示—接受	

第四节 对答结构的分布

一、对答功能结构类型分布

10 种对答功能结构类型在全部语料中的分布比例见图 2-1。

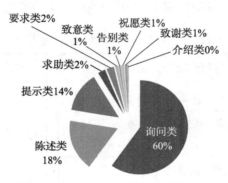

图2-1 对答功能结构类型占比

（一）主体性结构

询问类和陈述类是 C- 口语面试会话中的主体结构。其中询问类最多，约占所有对答结构的 60%；其次为陈述类，约占 18%。

询问类对答结构可出现在会话的任何位置，包含两种情况：一是面试官提出问题，应试者回答，如例 2.15。二是应试者提出问题，面试官回答。这种情况比较少，一般是应试者因没有听明白面试官话语而发问，面试官解释或回应。如例 2.16 中话轮 2 和话轮 3 组成的对答。

例 2.15：

面试官：你在这个公司什么部门工作呀？

应试者：营销部门工作。

例 2.16：

面试官：请简单地介绍一下吧。　　　　　　　　　　　　　　1

应试者：我？　　　　　　　　　　　　　　　　　　　　　　2

面试官：对。　　　　　　　　　　　　　　　　　　　　　　3

应试者：我的名字是×××，我公司原来是公司财务还有人事的
　　　　负责人……　　　　　　　　　　　　　　　　　　　4

陈述类对答结构的出现较为特殊，其引发语多是前一对答结构的应答语，也就是说，参与会话的一方做出的陈述性回答引发了另一方新的话轮，经常表现为询问类（上一轮对答结构）与陈述类（下一轮对答结构）相毗邻。这种现象又分以下几种情况。

一是引发者先对前一应答语做出回应后再开始新的提问，以避免连续发问给人咄咄逼人之感。如例 2.17 对答序列中的"陈述 1—重复1""陈述 2—重复 2"，都是引发者先重复对方的回答以示回应，再提出新的问题。

例 2.17：

面试官：那你原来的专业是什么呢？（询问 1）

应试者：我专业是经营，经营管理的，企业经营管理系。

　　　　　　　　　　　　　　　　　　　（回答 1，陈述 1）

面试官：企业经营管理系。你现在住的地方离公司远吗？

　　　　　　　　　　　　　　　　　　　（重复 1，询问 2）

应试者：比较近，比较近的在，在丽都。（回答 2，陈述 2）

面试官：在丽都啊，那你每天怎么来呢？（重复 2，询问 3）

应试者：我这每天，嗯，我来，三车。（回答 3）

二是引发者对对方给出的应答语有疑问，因而进行求证，引发新的对答结构，如例 2.18 对答序列中的"陈述 1—质疑 1"：

例 2.18：

面试官：那你学习了多长时间汉语了？（询问 1）

应试者：汉语正式学了一年，开始在文化大学学的。

（回答 1，陈述 1）

面试官：你是说语言文化大学吗？（质疑 1，询问 2）

应试者：对，你们学校。（回答 2）

三是引发者委婉地转移话题。如例 2.19 对答序列中的"陈述 1—肯定 1"：

例 2.19：

面试官：你对未来的工作有什么打算呢？（询问 1）

应试者：这个啊，嗯，我觉得就是发展中国这边的市场，在中国我们刚刚开始，希望能做成上市公司，……（回答 1，陈述 1）

面试官：嗯，这个理想很大啊。好，我们刚才说工作的事，下面换个轻松的话题，你喜欢旅游吗？（肯定 1，询问 2）

应试者：还可以。（回答 2）

（二）程序性结构

致意类、祝愿类、告别类、感谢类和要求类在每场考试中各出现 0 ~ 2 次，位置较为固定。致意类出现在面试开始阶段，其引发语包括打招呼和表示欢迎两种形式。祝愿类和告别类出现在面试结尾，这两类可能出现在同一组对答中，即一组对答兼有两种功能。感谢类一般也在面试结尾出现，偶尔见于面试开头，通常作为一种欢迎方式（感谢应试者来参加考试），而不是真正的感谢。要求类主要出现在面试开头和反复测评阶段，面试官直接要求应试者完成某个任务（如自我介绍或看图说话）时会出现这种对答结构。

（三）随机性结构

介绍类、求助类、提示类并非每场考试都有，出现的位置和频率比较随机。其中介绍类与要求类常常毗邻出现，比如面试官要求应试者做自我介绍，应试者接受要求，面试官又对应试者的介绍做出回应。

例 2.20：

　面试官：请你先做一下自我介绍。（要求 1）
　应试者：啊，我叫×××，我是××公司的职员。（接受 1，介绍 1）
　面试官：嗯，欢迎你啊。……（欢迎 1）

介绍类出现的次数极少（45 份语料中仅出现 3 次），但实际上在每篇语料中都有介绍性质的话轮出现，只不过由于自我介绍是考试的一项常规任务，面试官往往在应试者自我介绍之后省去寒暄，直接提问（而自然会话中介绍类对答的应答语有致意、欢迎等），因此介绍类的对答就没有出现。例 2.21 中的话轮 2 就是一个没有应答语的介绍性的话轮。

例 2.21：

　面试官：欢迎你参加今天的口语考试，你先介绍一下你自己好吗？
　　　　　说一下你的名字和工作。（要求）　　　　　　　　　　1
　应试者：我叫××，我从去年来中国，（下为工作介绍）……（接受）
　　　　　　　　　　　　　　　　　　　　　　　　　　　　　　2

　面试官：你学汉语多长时间了？（询问）　　　　　　　　　　3
　应试者：在北京语言大学学了三个月。（回答）　　　　　　　4

提示类的引发语包括提示和纠错两种，总是出现在其他类型的对答结构之后，对应试者上一轮的回答进行提示和引导。语料中提示类出现的次数比求助类多，这说明面试官的提示和纠错很多是在应试者没有求助的情况下给出的。

例 2.22：

面试官：你是怎么找到代理商的？（询问 1）
应试者：通过那个，造纸。（回答 1，陈述 1）
面试官：报纸？（提示 1）
应试者：对对，报纸。（接受 1）

各类对答功能结构在面试中的整体分布情况见表 2-2。

表2-2　对答功能结构类型的整体分布

类型		出现环境	出现频率	引发者	交际作用
主体性结构	询问类	任何位置	出现频率最高的对答结构类型，占对答总数的50%以上	多为面试官	获取信息，刺激应试者话语输出
				偶为应试者	对面试官的提问不完全理解而询问
	陈述类	多出现于其他对答结构之后	占对答总数的13%～20%	多为应试者	一般为再引发型交际，应试者在上一对答中的应答语引发面试官的回应或新一轮提问
程序性结构	致意类	面试开头	每场面试0～1次	面试官	欢迎并友好地开始会话
	祝愿类	面试结尾	每场面试0～1次	面试官	准备结束会话
	告别类	面试结尾	每场面试0～1次	面试官	结束会话
	感谢类	面试结尾，偶见开头	每场面试0～1次	面试官	结束会话，开始会话
	要求类	对答序列开头	每场面试2～3次	面试官	提出交际任务
随机性结构	介绍类	面试开头，要求类对答之后	全部语料中共计3次	应试者	应面试官要求做自我介绍，又引发面试官回应

类型		出现环境	出现频率	引发者	交际作用
随机性结构	求助类	见于毗邻多部式对答序列中	出现频率低，无规律	应试者	遇到表达障碍向面试官求助，属再引发型交际，引发语与上一对答的应答语常在同一话轮中
	提示类	见于毗邻多部式对答序列，求助类或陈述类之后	不同场次的面试中出现次数不定，初级出现较多	面试官	对应试者的回答给予提示或纠错

（四）等级分布情况

除询问类、陈述类和提示类外，其他几种类型在不同等级中出现的频率相差不大（见表2-3）。询问类和陈述类在不同等级中出现的情况如下：在高级水平考试中，平均每场考试的话轮数为 77，对答数为 52，其中询问类对答结构的数量约占所有对答结构的 50%，陈述类约占 13%；在中级水平考试中，平均每场考试的话轮数为 66，对答数为 42，其中询问类对答结构约占 65%，陈述类约占 21%；在初级水平考试中，平均每场考试的话轮数为 110，对答数为 69，询问类对答结构约占 68%，陈述类约占 20%（见表2-4）。

表2-3　不同等级考试的对答功能结构类型分布

等级	询问类	陈述类	提示类	祝愿类	求助类	要求类	致谢类	致意类	告别类	介绍类
高级	26	7	6	0.5	4	1.4	0.6	0.2	0.4	0.2
中级	27	9	4	0.5	2	1.5	0.6	0.3	0.3	0
初级	47	14	15	0.7	2	1.4	0.7	0.4	0.1	0.1

（单位：次／篇。平均每篇语料中出现次数小于 2 次的，精确到小数点后一位，其他只保留整数部分。）

表2-4　询问类和陈述类在不同等级考试中的分布

等级	话轮数（个/篇）	对答数（个/篇）	对答序列数	询问类对答比例	陈述类对答比例
高级	77	52	29	50%	13%
中级	66	42	25	65%	21%
初级	110	69	34	68%	20%

统计显著性检验结果表明，询问类和陈述类在不同等级中的分布并没有显著性差异[①]。

（五）小结：对答功能结构类型分布规律

1. C- 口语面试的对答功能结构大致按照以下程序分布：致意、询问、陈述或请求、祝愿、告别。这基本符合日常会话的进程，有利于应试者在接近日常会话的情境中充分展现汉语口语水平。其中询问类对答最多，可见询问类的引发语最有利于引导应试者口语输出。

2. 不同等级水平面试中各对答功能结构类型的出现频率没有显著差异。相对而言，高级水平的询问类和陈述类出现比例都小于其在初中级水平中的比例。据观察，我们发现高级水平的应试者对面试官的提问理解比较到位，而且能主动做出较长回答，面试官无须多次变换提问方式加以引导，对于应试者的回复只需简单反馈即可，因此询问类和陈述类对答在数量上相对较少。

3. 提示类多于求助类。口语考试一般不提倡面试官在应试者表达受限时给予提示或纠错。这与口语教学不同。在口语教学中，教师可以随时对学生的口语表达提示和纠错，确保学生准确习得目的语。但口语考

---

① 检验数据如下（三个等级间两两比较）：询问类高中级 $|Z| = 0.8310 < 1.96$，差异不显著；高初级 $|Z| = 1.0023 < 1.96$，差异不显著；中初级 $|Z| = 0.1741 < 1.96$，差异不显著。陈述类高中级 $|Z| = 0.5833 < 1.96$，差异不显著；高初级 $|Z| = 0.5165 < 1.96$，差异不显著；中初级 $|Z| = 0.0678 < 1.96$，差异不显著。

试的目的是考查学习者的真实口语水平，面试官应尽量避免干预应试者的独立表达，否则会影响测评的准确性，也会造成对其他应试者的不公平。除非应试者主动求助，或者在应试者遇到极大的表达障碍，以至于影响面试进行的情况下，面试官才能稍加提示。

4. 各对答功能结构类型的灵活程度不同。询问类、陈述类属于灵活型，可出现在面试的各个环节，可与其他对答类型组合出现，也可单独出现。要求类、提示类为半灵活型，前者理论上可以出现在任何位置，但实际上主要在提出自我介绍、看图说话和发表议论三项固定任务时出现；后者总是和求助类或陈述类毗邻出现。致意类、祝愿类和致谢类是非灵活型。致意类主要出现在面试的开头部分，祝愿类和致谢类则单独或共同出现在面试的结尾。

5. C- 口语面试中几项具体任务引出时的对答结构较为固定。比如让应试者进行自我介绍，描述一幅图片或对某问题发表看法时，面试官有时会用要求类的引发语提出。这种方式比较直接和生硬，不能很好地体现面试型口语考试倡导交际性和互动性的理念，因而这一对答结构出现较少，而代之以更为亲切和自然的其他对答方式。

二、对答形式结构类型分布

（一）整体分布情况

在本章所用的语料中，出现过的对答形式结构类型有毗邻双部式、毗邻多部式、单层嵌入式、综合式和复杂式，多层嵌入式未出现。整体分布情况见表2-5。

表2-5　对答形式结构类型的整体分布

类型		出现频率	交际状态
毗邻式	毗邻双部式	占所有对答序列的70%	最为干脆直接的对答类型
	毗邻多部式	占所有对答序列的24%，仅次于毗邻双部式	对上一应答语给出回应后继续引发新的交际

类型		出现频率	交际状态
嵌入式	单层嵌入式	每篇语料中出现0～2次	交流出现轻微障碍（不能准确理解引发语）
	多层嵌入式	未出现	
	综合式	每篇语料中出现0～2次	交流不够顺畅，协商调整
复杂式		不同等级出现频率不均	交流不顺畅，协商调整

1. 毗邻式

这是面试中的主体结构，在每份语料中都有出现，约占各类对答序列总数的 94%，其中毗邻双部式约占 70%、毗邻多部式约占 24%。可见，面试双方更倾向于一问一答的方式会话，且引发语的发出者多为面试官，应试者主要是被动应答。毗邻多部式虽然在比例上少于毗邻双部式，但其作用也非常重要。如果面试全程都是毗邻双部式，那么会话会显得对立、生硬。因此，面试官经常会在应试者作答之后先给予一些回应，然后再引出新的引发内容（见例 2.17）。

毗邻多部式出现的多少还与面试官个人风格有关。有些面试官倾向于干脆直接的问答方式，则双部式居多，多部式较少；有些面试官较为亲切，倾向于先对应试者的回答给以回应，再继续引发，于是毗邻多部式出现较多。

2. 嵌入式

面试语料中出现了单层嵌入式和综合式，但出现频率较低，平均每份语料中各出现 0 ～ 2 次。嵌入式出现多是因为外层对答的引发语没有被对方充分理解，于是对方对引发语发出质疑或求证，形成了内嵌对答（见例 2.16）。

3. 复杂式

只有部分场次的面试出现复杂式。语料分析发现，复杂式对答往往是应试者没有理解面试官的提问，于是向面试官发问或求证，然后面试官调整提问方式，继而应试者给出答案或进一步发问，重复前面的过程直至给出答案（见例2.23），通常可表示为：

询问—质疑—修改问题—（⋯⋯⋯⋯）—回答

省略部分理论上可以无限次地插入"质疑—修改问题"对答，在此结构的前后还可以有其他对答相接。复杂式的核心是有不同的对答共用一个应答语，如例2.23中，询问1和询问3的应答语都为话轮4。

例2.23：

面试官：你在工作中和同事有没有过矛盾？（询问1）   1
应试者：矛盾？（质疑1，询问2）   2
面试官：就是意见不一样，有过这样的情况吗？（回答2，询问3）

   3
应试者：嗯，有过矛盾。（回答1，回答3）   4

（二）等级分布情况

各种对答形式结构类型在不同等级考试中的分布情况见表2-6。

表2-6 不同等级考试的对答形式结构类型分布

等级	话轮数（个/篇）	对答数（个/篇）	对答序列数	毗邻双部式	毗邻多部式	单层嵌入式	综合式	复杂式
高级	77	52	29	22	6	1	0.6	0
中级	66	42	25	13	5	1	0.5	1.2
初级	110	69	35	22	9	1	1	1

注：由于综合式和复杂式出现次数较少，所以精确到小数点后一位，其他类型则取整数。

高级水平考试中平均每个对答序列包含1.8组对答，2.7个话轮；

中级水平考试平均每个对答序列包含 1.68 组对答，2.64 个话轮；初级水平考试中平均每个对答序列包含 2 组对答，3.14 个话轮。

从对答序列中包含的对答数和对答在序列中的组合形式来看，各类对答形式结构的复杂程度从低到高依次为：毗邻双部式、毗邻多部式和单层嵌入式、综合式、复杂式。毗邻双部式最为直接明了，复杂程度最低。毗邻多部式包含多组对答，但对答之间是顺接关系，总体复杂程度和单层嵌入式相近。因为单层嵌入式虽然只有两组话轮，但嵌套的形式复杂度高于毗邻式，且通常暗示出现交际障碍。综合式是毗邻式和嵌入式的结合，复杂程度更高。复杂式出现内外层对答共用话轮现象，是杂糅结构，因此将其视为复杂程度最高的类型。

按照上述分析结果，我们给五类对答形式结构的复杂度进行赋值，复杂程度越高，分值越高。毗邻双部式出现一次记为 1 分，毗邻多部式和单层嵌入式出现一次记为 2 分，综合式出现一次记为 3 分，复杂式出现一次记为 4 分。经计算，不同等级考试的对答形式结构复杂度平均分值为：高级 36.0 分，中级 37.7 分，初级 50.5 分。单因素方差分析结果表明，三个等级考试的对答形式结构复杂程度存在显著差异（见表2-7）。

表2-7　不同等级考试的对答形式结构复杂度检验

方差齐性检验

V1

Levene 统计量	df1	df2	显著性
.572	2	42	.569

ANOVA

V1

	平方和	df	均方	F	显著性
组间	1861.378	2	930.689	3.880	.028
组内	10073.600	42	239.848		
总数	11934.978	44			

注：$F_{(2,42)}=3.880$，$P=0.028 < 0.05$，差异显著。

　　由此可见，应试者语言水平越低，面试官与应试者的对答形式结构复杂程度越高。其中，高级与中级的对答形式结构复杂程度差异相对较小，而初级与中高级的差异相对较大。这表明，初级水平的考试对答形式结构最为复杂，交际障碍最多，交际的协商调整最频繁。

三、反馈

　　虽然本章未将反馈算入对答结构，且反馈会影响对答结构的形成，因此本章对反馈在各个等级考试中出现的情况也稍做讨论。

　　高级水平的考试中平均每篇语料出现反馈 1.7 次，中级水平每篇出现反馈 2.8 次，初级水平每篇出现反馈 7.2 次。可见，随着应试者语言水平的增加，面试中反馈的频率有所减少。在 C- 口语面试中，"反馈"基本都是由面试官给出的，一般是在应试者按照面试官引导的方向回答时，面试官为了鼓励其持续表达，而适时地给予反馈。语料分析发现，中级以上水平的应试者一般可以自主做出成段表达，而初级水平的应试者成段表达比较困难，也不够自信，更需要面试官以反馈的方式予以鼓励。

　　例 2.24：

　　面试官：请你看一下这幅图，然后并一下图上都有什么。（要求 1）
　　　　　　　　　　　　　　　　　　　　　　　　　　　　　1
　　应试者：图上有几只马。（接受 1）　　　　　　　　　　2
　　面试官：嗯。（反馈）
　　应试者：这些马在喝水。（接受 1）　　　　　　　　　　2
　　面试官：嗯。（反馈）
　　应试者：旁边有很多树，风景很好。还有两个人在休息。（接受 1）
　　　　　　　　　　　　　　　　　　　　　　　　　　　　　2

　　这个例子中，面试官只进行了一次引发，然后就通过反馈的方式示意应试者保持话轮，避免了多组询问类对答的出现，使得整个会话序列只有两个话轮，形成一组对答。

总的来说，反馈现象虽然不提供实质信息，也不算入对答结构，但有鼓励对方保持话轮、促进对方话语输出的作用，对对答结构的形式会构成一定影响。

四、口语考试与自然会话的对答结构分布比较

（一）对答功能结构类型分布比较

较之自然会话，面试型口语考试中出现的对答功能结构类型比较单调。刘虹（2004）总结的汉语会话对答功能结构类型中的呼唤类、提供类和指责类在面试型口语考试中完全没有；建议类、道歉类、介绍类、赞扬类和祝贺类在研究前期更广泛的语料观察中曾个别出现，但在本章选取的 45 份语料中没有出现，可以说这几类在面试型口语考试中不是常见类型。总的来说，面试型口语考试的对答功能结构类型没有自然会话丰富，一般不会出现特殊功能的对答（如呼唤类、祝贺类），也不会出现干涉对方行为的对答类型（如建议类），更不会出现有可能破坏谈话气氛的对答（如指责类）。

尽管 C- 口语面试倡导模拟自然会话，但是由于自然会话发生的场景和主题内容变化多样，而口语面试的场景和主题都是受限的，因而口语面试的对答功能结构类型必定不及自然会话丰富。这也说明，与自然会话相比，C- 口语面试考查的语言交际能力必定是不全面的。我们可以比较有把握地说，它能够考查出口头语言能力、口头语篇能力，但恐怕不能全面考查出应试者在各类语境下的口头语用能力。不过即便如此，它毕竟能够考查自然会话中的大部分对答结构，能够反映语言交际能力中的大部分能力，因而相比只能考查单一能力的传统口语考试来说，面试型口语考试在测查交际能力方面还是具有明显优势的。

（二）对答形式结构类型分布比较

刘虹（2004）基于汉语日常会话归纳出的对答形式结构类型，在 C- 口语面试中基本都有呈现，说明面试型口语考试中的对答形式结构类型

与一般汉语会话大体相同。此外，刘虹（2004）的数据统计显示，毗邻双部式是对答的主体结构，而多层嵌入式没有出现，这与我们对 C- 口语面试对答形式结构类型的统计结果一致。不同之处在于，自然会话中会话参与的各方都可能会发出引发语和应答语，但面试型口语考试中引发语绝大多数由面试官发出，对答序列的起始话轮几乎都由面试官发起。

由此可见，面试型口语考试具有两面性：一方面，自然会话中存在的对答形式结构类型在面试中基本都出现了，说明面试型口语考试的会话过程接近自然会话，符合测试设计的理念，给应试者提供接近真实的会话情境，有利于对语言交际能力的考查；另一方面，"引发者（面试官）—应答者（应试者）"的角色定位模式，凸显了面试的会话双方交际不对等，主要考查的是应试者被动应答的交际能力，对应试者主动交际能力的考查不足。

第五节　不同阶段的对答结构

一、热身阶段的对答结构类型

（一）热身阶段的整体结构特点

以自然会话为参照，C- 口语面试的热身阶段包括会话的开头部分和开头后的过渡部分。但这两部分界限并不明显，因为有些场次的考试并没有以自然会话中常见的开头方式开始，而是直接进入热身任务——自我介绍。

刘虹（2004）根据汉语会话的不同特点，将会话开头分成两类：一类是陌生人之间的会话开头，另一类是熟人之间的会话开头。口语面试中的会话开头接近于陌生人之间的会话开头。刘虹（2004）总结了陌生人会话开头的特征：（1）任何陌生人之间的会话开始之前都有一个观察猜测过程。（2）陌生人之间的汉语会话一般使用称呼做开头语，然后再引出第一个话题，但也可用其他礼貌方式代替称呼做开头语。（3）陌生人之间的会话开头一般均使用礼貌色彩较浓的用语。

对照上述几条，面试型口语考试因其机构谈话的语域特殊性，其开头方式与一般陌生人之间的会话开头有所不同。首先，省略了会话开始之前的观察猜测过程。因为 C- 口语面试中会话的参与者为面试官和应试者，双方虽然是陌生人，但会话开始之前对双方身份和会话目的已有定位，无须观察猜测。其次，C- 口语面试一般不用称呼做开头，而是用致意、欢迎等礼貌方式，有时甚至会采用直接询问个人信息的方式开头。一般来说，不用称呼做开头是一种拉近双方距离的做法，但直接询问个人信息的方式在一般陌生人会话中显得唐突，不易被接受。不过在口语面试中，面试官和应试者的显性身份使得直接询问个人信息这种方式成为一种被认可的开头方式，但如果按照"尽量营造自然会话的交际情境"这一测试宗旨加以考量的话，这种开头方式还是显得有些生硬。

开头之后的过渡部分主要是让应试者完成自我介绍任务，面试官一般会通过直接要求或分步询问来引导应试者完成该项任务。该环节面试官常用的引发语见表2-8。

表2-8 热身阶段的引发语方式

引发语方式	例句
直接要求（要求类对答的引发语）	请你先做一个简单的自我介绍。 请你先介绍一下自己好吗？包括你的姓名啊，工作啊。
分步提问（询问类对答的引发语）	你叫什么名字？你的主要工作是什么？你学汉语多长时间了？你平时都有哪些爱好呢？

（二）热身阶段的对答结构类型

在 C- 口语面试中，面试官与应试者的会话通常从互相致意或者面试官询问或索求应试者基本信息开始。与此相应，C- 口语面试热身阶段出现的对答功能结构类型主要有致意类、询问类和要求类。

1. 致意类对答

致意类对答一般置于热身阶段会话的开端，形式结构类型为毗邻双部式。如例 2.7 的第一组对答（话轮 1、2）即致意类的毗邻双部式结构。

有些场次面试的热身阶段没有致意类对答，但并不代表没有致意行为。我们发现很多场次的考试中，面试官会在应试者入场后先致意，但并不给应试者回应的机会，而是紧接着提出自我介绍类考试任务，如例 2.21。

有些场次面试的热身阶段没有致意类对答，主要是因为面试官省去了程式化的开头，采取直接进入考试或直接宣布考试开始的方式，如例 2.25。

例 2.25：

面试官：现在开始我们今天的考试。首先请你做一下自我介绍。
应试者：我叫 ×××，……

还有些场次面试的热身阶段没有致意类对答，是因为应答语不理想，主要是应试者缺乏汉语语用知识，不能领会汉语会话的致意方式，因而不能以恰当的方式回应。

例 2.26：

面试官：首先感谢你来参加这次考试。
应试者：啊？这还感谢？不用了吧。

例 2.27：

面试官：首先很感谢你来参加考试。
应试者：不客气。

上述两例的应答语都不恰当，反映出应试者没有理解汉语致意的特定表达法，造成致意类对答结构缺失。

2. 询问类和要求类对答

面试官询问或索求应试者基本信息的对答结构类型主要有询问类和要求类两种，其中以要求类居多。询问类一般是通过普通聊天的方式逐步获取应试者各方面信息，例如先问应试者叫什么名字，再问在哪里工作，然后问家庭情况如何等。要求类倾向于"一步到位"地获取应试者多方面信息，即直接要求应试者进行自我介绍，其引发语有疑问句和祈使句两种语气（见表2-8）。要求类也常与询问类共同使用，因为应试者的自我介绍往往比较简短，面试官有时还会继续以询问类方式了解其他方面信息，因而要求类之后常辅以询问类（如例2.21）。在形式结构类型上主要体现为毗邻式结构。

我们认为带有询问类对答的热身方式效果更好，因为交互性是"会话"的一个重要特点，询问类方式增加了会话双方的互动性，可以更好地体现面试型口语考试的交互性优势。如果单单是抛出任务要求应试者完成，则无异于普通的人机口语考试。

二、结束阶段的对答结构类型

（一）结束阶段的整体结构特点

Schegloff 和 Sacks（1973）指出，会话的结束与整个会话的结构及会话中话题的结构都有密切的关系。所谓会话的结束意味着"会话中交际者同时到达一个位置，一个交际者完成他的话轮之后并不需要另一个发话人说话，他的沉默并不被听作是这一发话人的沉默"。在结束会话以前，交际双方需要通过一定的方式表明想要告诉对方的事情已经说完，没有什么新话题需要提出。因此，对于会话结尾来说，重要的不是用什么方式结束会话，而是逐步地做好准备，一步一步地、互相协商地结束会话。（刘运同，2007）这一过程就形成了所谓的结束序列。

刘虹（2004）将汉语会话结尾分为非程式化会话结尾和程式化会话结尾两种。

1. 非程式化会话结尾

在非程式化会话中，人们无法预见会话开始以后会向什么方向发展，谈什么话题，以及什么时候会话结束。这类会话的结尾通常包含以下步骤：（1）结尾前的准备。一般有一个观察猜测过程，打算结束会话的一方所要观察猜测的是所谈话题是否已谈完、对方对当前话题是否感兴趣、对方是否想结束谈话等。（2）预示结尾。指一方要结束会话时，向对方发出暗示。（3）协商序列。在预示结尾的信号发出后，接收信号的一方要对此做出反应，表明态度，这时往往会产生一个协商序列。（4）告别前序列。在协商结束、告别以前，常常插有表示感谢、道歉或拜托对方转达问候之类的对答序列，这是告别的前奏。（5）告别序列，主要方式是以互道"再见"结束会话。

2. 程式化会话结尾

程式化会话已形成比较固定的会话结构程式。这类会话大多发生在陌生人之间，人们在会话开始时就可以预见整个会话的大致进程。比如问路、商店里顾客与营业员之间的会话等，都属于这种类型。

C- 口语面试的会话类似于程式化会话。首先，面试官掌控着会话的整体走向，对测试各阶段有着较为明确的推进路线；其次，应试者也可能对口语面试的会话程序有所了解，所以会话开始时双方都能不同程度地预见整个会话的大致过程。但与此同时，C- 口语面试的会话又具备非程式化会话的特征。会话的话题与具体发展方向带有一定程度的随机性。会话的结尾也部分体现了非程式化会话的结尾模式，即双方互相协商，一步一步结束会话。

（二）结束阶段的对答结构类型

C- 口语面试结束阶段出现的对答功能类型主要有祝愿类、告别类和感谢类。这三种类型可能单独出现，也可能搭配出现。告别类一般最后出现。极个别情况下，会有告别类出现之后又间隔很多组对答再次出现告别类才结束会话的情况。这种情况常常是因为应试者未能识别会话结束的信号而继续谈话，或面试官为了表示友好而添加了一些寒暄性话语。

例 2.28：

┌面试官：再见！（告别）
└应试者：再见！我以为考试会很紧张。（告别）

　┌面试官：我们就是聊聊天，我们聊得也很高兴。（陈述）
　└应试者：对，对。（赞同）
　┌面试官：祝你一切顺利，好吧？（祝愿）
　└应试者：嗯，好，好的。（接受）

祝愿类和告别类在会话结束阶段有时只出现一种，有时共现于同一话轮，兼有祝愿和告别的行为，只算作一组对答。

例2.29：
　┌面试官：祝你在中国生活愉快，再见！（祝愿，告别）
　└应试者：谢谢，再见！（致谢，告别）

以上是告别序列的对答结构类型。

在进入告别序列之前，面试官大多会询问应试者未来的计划，然后再通过一组祝愿类的对答过渡到告别序列，避免突兀地结束会话。

例2.30：
　┌面试官：好，今年你打算去什么地方旅行啊？（询问1）
　└应试者：我还没打算，但是我下星期回韩国。今年我的女儿身体不太好，所以她回韩国以后要治疗。（回答1）

　┌面试官：那要照顾好女儿。好，祝你女儿身体健康，今天的谈话就到这儿吧。（祝愿1，询问2）
　└应试者：好，谢谢。（致谢1，回答2）
　┌面试官：好，再见。（告别1）
　└应试者：再见。（告别1）

这段会话之前，双方在讨论书本知识和实践知识哪个更重要的问题。由于考试的主体部分已经完成，所以面试官将话题转向未来旅行计划上，接着又用祝愿的方式暗示应试者会话将要结束，自然过渡到告别序列，整个结束过程比较亲切顺畅。

在极个别场次的考试中，会话结尾没有祝愿、致谢等对答结构，面试官直接宣布考试结束，这种程式化结尾方式比较刻板。

例 2.31：

　面试官：好，我们今天的考试就到这里。
　应试者：好，谢谢。

三、反复评估阶段的对答结构类型

C- 口语面试的反复评估阶段主要有四项任务类型：看图说话（描述性任务）、叙述性任务、议论性任务、辩论性任务。这四种任务的难度依次递增。面试时一般按照四种任务类型的顺序渐次展开，但为了"摸底"或"探顶"的需要也可以灵活调整任务顺序。整个反复评估阶段，面试官都是围绕这几项任务类型引出相关话题开展会话的。

在看图说话阶段，首先出现的对答功能类型大多是要求类。由于相当多的应试者不能在一次对答中充分描述图画内容，面试官需要继续用发问的方式加以引导，所以这一阶段常常要求类和询问类对答毗邻出现。

例 2.32：

　面试官：你先看一下这幅图，然后给我们讲一下图上的内容。（要求）
　应试者：这是几个人，有一台电脑。（接受）
　面试官：他们在做什么呢？你觉得他们是什么关系？（询问）
　应试者：我觉得应该是同事，他们在开会，讨论什么问题。（回答）
　面试官：他们讨论的状态怎么样？（询问）
　应试者：很热烈，好像在吵架一样。（回答）

不仅是在看图说话阶段，在其他交际任务进行阶段，当应试者成段表达能力较差或无话可说时，都需要面试官不断引发以推动应试者输出话语，从而致使多组询问类对答毗邻出现。

在叙述性任务阶段，主要出现的对答功能结构是询问类和陈述类，要求类也常常在询问类之后毗邻出现。比如面试官先询问应试者是否有某种经历，然后要求应试者叙述该经历（如例 2.33 的前两组对答）。在应试者叙述过程中，一般会穿插多组询问类和陈述类等对答结构，面试官通过多种方式对会话加以引导和扩展，促进应试者的话语输出。

例 2.33：

　面试官：你刚才说你开车上班，有没有经常碰到这种堵车的情况？
（询问1）

　应试者：有啊。（回答1）

　面试官：能不能给我们讲一讲你的一次堵车的经历？（要求1）

　应试者：嗯，堵车的经历。我觉得最严重的情况是……（讲述去机场路上因前面有交通事故而堵车的经历）（接受1）

　面试官：那最后的结果呢？你去机场是赶飞机吧？（询问2）

　应试者：是，所以我不知道。因为我急着走，后面的不知道了。
（回答2）

……

当叙述性任务进行到一定程度时，面试官会顺势引出议论性任务和辩论性任务，这一过程多通过询问类对答来实现，很少采用要求类对答方式。

例 2.34：

　面试官：你有没有因为堵车迟到过呢？（询问1）

　应试者：有过。……（回答1）

　面试官：那你对迟到怎么看呢？要是有个员工总是迟到，你怎么想？（询问2）

　应试者：我觉得一次迟到没什么，可能堵车啊这样。经常迟到就是态度的事……（回答2）

比较热身阶段的自我介绍任务与反复评估阶段的四项任务，自我介绍和看图说话任务一般都是事先设定好的，对所有应试者基本相同；而叙述性、议论性和辩论性任务则比较灵活，面试官可以根据应试者经历和会话情境随时选择和调整谈话话题，因而会话难度加大。为此，在进行后三项任务时，求助类和提示类对答时有出现，还偶有"询问—拒绝

/ 迟疑"和"要求—拒绝 / 迟疑"这样的不合意结构出现。应试者对面试官提问不愿作答的原因，主要是问题涉及敏感信息等。

例 2.35：

面试官：那你对你将来的职业规划是什么样的呢？（询问）
应试者：这个不算考试内容吧？（迟疑）
面试官：不是，我们主要是看你的语言表达。（回答）
应试者：我觉得这个是我心里面的，不太想对人说出来。（拒绝）

由于反复评估阶段的对答功能类型变化较多，组合方式多样，因此对答序列的结构形式比较复杂，毗邻多部式、单层嵌入式、综合式时有出现，复杂式也多见于这一阶段。

总之，由上文分析可见，C- 口语面试具有程式化会话和非程式化会话相结合的特点。在热身阶段和结束阶段，对答功能结构类型比较单一，相对固化，形式结构主要是毗邻双部式。在反复评估阶段，对答功能类型比较多样，富有变化，形式结构类型也更为复杂。

第六节　本章小结

一、主要结论

（一）C- 口语面试的对答结构从功能上划分主要有致意类、要求类、介绍类、询问类、陈述类、求助类、告别类、祝愿类、感谢类、提示类等十大类型，从形式上划分主要有毗邻式（毗邻双部式 + 毗邻多部式）、嵌入式（单层嵌入式 + 多层嵌入式 + 毗邻与嵌入综合式）、复杂式等三大类型。对答结构的功能和形式种类比较丰富。

（二）从对答功能结构类型的分布来看，询问类和陈述类是 C- 口语面试的主体对答结构，其中询问类是最主要的对答结构类型，可见该类引发语最有利于引导应试者口语输出；致意类、祝愿类、告别类、感谢类和要求类在每场考试中均有出现，只不过频率较低，位置较固定，属于程序性结构；介绍类、求助类、提示类并非每场考试都有，出现位置和频率比较随机，属于随机性结构。此外，不同等级水平的考试中各对答功能结构类型的出现频率无显著差异，只不过高级水平的询问类和陈述类所占比例略小于初中级的比例，这主要是因为高水平应试者对提问理解更到位并能做出较长回答，面试官无须多次引导。

（三）从对答形式结构类型的分布来看，毗邻式是 C- 口语面试的主体结构，约占对答序列总数的 94%，其中毗邻双部式是最主要的结构类型，表明双方更倾向于一问一答的会话方式；毗邻多部式可以调整面试节奏，避免一问一答贯穿到底带来的紧张，同时毗邻多部式出现的多少也与面试官个人风格有关。嵌入式出现频率较低，多源自应试者没理解面试官引发语而发出质疑或求证。复杂式只出现在部分场次的面试，代表对答过程不甚顺畅，需要协商调整会话。比较三个等级水平考试中对答形式结构类型的分布，应试者语言水平越低，面试官与应试者的对答形式结构复杂程度越高，交流越不顺畅，这一差异具有统计学上的显著意义。此外，反馈虽然不计入对答结构，但有鼓励对方保持话轮、促进对方话语输出的作用，对对答结构的形式也有一定影响。研究表明，反馈在初级水平出现最多，说明初级水平因成段表达困难而更需要面试官的反馈。

（四）对比口语面试和日常会话中的对答结构类型及分布规律，在功能结构类型方面，口语面试中的类型没有自然会话丰富，表明其所考查的语言交际能力还不够全面；但还是能体现自然会话中的大部分对答结构，基本符合日常会话进程，有利于应试者在接近日常会话的情境中充分展现汉语口语水平。相比普通口语考试来说，口语面试在测查交际能力方面具有明显优势。在形式结构类型方面，口语面试与自然会话中的类型基本相同，即毗邻双部式是对答的主体结构。只不过自然会话中会话双方都会发出引发语和应答语，而口语面试中引发语绝大多数由面试官发出，主要考查的是应试者被动应答的交际能力。

（五）从 C- 口语面试不同阶段的对答结构类型分布来看，热身阶段的对答功能结构类型主要有致意类、询问类和要求类，形式结构类型主要是毗邻双部式；结束阶段的对答功能类型主要有祝愿类、告别类和感谢类，面试官通常会以询问应试者短期计划的方式自然过渡到告别序列，形式结构类型主要是毗邻式。在反复评估阶段，看图说话任务大多是要求类和询问类毗邻出现；叙述性、议论性和辩论性任务主要出现的是询问类和陈述类对答，求助类和提示类对答也时有出现，还偶有不合意结构出现；对答形式结构比较复杂，毗邻多部式、单层嵌入式、综合式常有出现，复杂式也多见于这一阶段。总体来说，口语面试具有程式化会话和非程式化会话相结合的特点。热身阶段和结束阶段的对答功能结构类型比较单一和固化，形式结构主要为毗邻双部式；反复评估阶段的对答功能结构类型多样多变，形式结构类型更为复杂。

二、应用启示

通过对 C- 口语面试对答结构的研究，我们发现面试官话语引导方面存在一些问题，对此我们提出相应的建议。

（一）面试会话中对答功能结构类型不甚全面，询问类占对答结构类型的一半以上。这说明口语面试还不能测查到日常会话中所有的对答类型，测试重点还是答问能力，对交际语言能力的考查范围还有待扩展。聂丹（2011a）综合前人研究成果，提出口语能力由口头语言能力、口头语篇能力、口头语用能力和口头策略能力共同构成，交际型口语测试应尽量测查口语能力的各个方面。而 C- 口语面试虽然在效度上优于普通汉语口语考试，但目前对口语能力的测查还有局限性，对口头语篇能力、语用能力、策略能力等的考查还很不足。当然这主要不是面试官个人问题，而是面试设计问题，如果增加角色表演、小组讨论等互动任务类型，就可以考查到应试者主动交际的能力。当然，面试官也可以有意识地变换引发语方式，比如适当减少询问类引发语，继续增加陈述类引发语，尝试使用建议类引发语，甚至故意使用指责类引发语等，调动应试者多方面的交际应对能力。

（二）面试会话中对答形式结构类型接近自然会话，但自然会话中的交际各方都有机会做引发者，而口语面试中的引发者主要是面试官，面试官和应答者的角色定位程式化，几乎所有的对答序列都是由面试官驱动的，面试官具有支配和主导会话走向的绝对权威，应试者自觉成为被动接受者。在实际生活中，主动引发和组织会话、主动获取信息也是重要的口语能力，而这一能力无法得到测查。这当然也是口语面试本身设计的问题，但面试官在引导时如果能尽量淡化考试色彩，努力营造对等氛围，激发应试者积极互动、平等讨论，那么应试者就可以展现更多的口语交际能力。

（三）面试会话中提示类对答多于求助类对答。提示类的引发语包括提示和纠错两种，提示类出现的次数比求助类多，说明面试官的提示和纠错很多时候是在应试者没有求助的情况下给出的。这与口语面试的要求相违背。口语面试的目的是考查学习者真实口语水平，面试官应尽量避免干预应试者的独立表达，否则会造成测评的不准确和不公平。除非应试者主动求助，或者应试者因表达障碍致使面试无法进行时，面试官才能稍加提示；但提示之后面试官在评分定级时应酌情考虑。

（四）在热身阶段，致意类对答有时缺失，或者是因为面试官致意完没有给应试者回应机会，或者是因为面试官省去程式化致意开头而直接进入考试，或者是因为应试者未能领会面试官致意方式而未做恰当回应。由于面试型口语考试主张模仿自然会话，那么开头建立平等轻松的会话基调非常重要，面试官应尽量采用亲切友好的方式开场，完善致意、欢迎等对答结构。

（五）在结束阶段，祝愿类、感谢类对答有时缺失，有时甚至省略了告别前序列结构，面试官直接结束当前话题，宣布考试结束，这种突兀的结尾方式凸显了考试情境，破坏了轻松自然的会话氛围。虽然这种情况较少，但对于一种标准化考试来说，还应完全避免。

（六）在从一种任务过渡到另一种任务的反复评估阶段，有的面试官习惯使用要求类的引发语直接提出新任务。这种方式比较刻板，不能很好地体现面试型口语考试倡导交际性和互动性会话的理念。当然要求类对答结构总体来说比较少，大多数面试官便用了更为亲切自然的引发方式。我们建议在引出一项新的任务时，要求类与询问类搭配使用，询问类方式可以增加会话双方的交互性；但为了让应试者尽可能多地成段表达，也不能询问过于频繁，要求类引发语指向性更明确，效率更高。

（七）面试中出现了应试者拒绝回答的不合意结构，主要原因在于面试官提问涉及个人信息。C- 口语面试引导的一个重要原则就是避免提问涉及个人隐私的话题，面试官对比也比较谨慎。但有些应试者隐私意识较强，或性格偏内向，或文化背景特殊，对一些大多数人看来并不涉及隐私的话题可能也会表现出不愿回答的倾向。对于这类应试者，面试官提问时应尽量避开个人话题，并将考试中应试者不愿回答的问题及其表现加以记录，以备测试时参考。

第三章
面试官提问话语研究

第一节　概　述

一、研究目标

IRF 模式不仅是课堂教学，也是日常会话的典型模式，其中"引发语（I）—应答语（R）"作为对答结构是会话的基本结构。刘虹（2004：110）根据汉语会话特点将"引发语—应答语"对答结构归为15 类，其中"询问—回答"是最常见的类型之一。第二章的研究表明，询问类也是 C- 口语面试中出现频率最高的结构类型，约占所有对答数量的 62.3%。口语面试的实施主要依靠面试官提问来传达测试任务，引发应试者口语输出，引导口语测试进程。为此，研究面试官提问话语是探讨面试官引导技术的关键。本章围绕面试官提问话语，主要研究以下几个问题：

　　1. C- 口语面试中的面试官提问话语如何界定？有何作用？

　　2. C- 口语面试中的面试官提问话语从不同角度划分包含哪些类型？

　　3. 各种提问话语类型在不同等级面试中如何分布？

　　4. 不同的提问话语类型对应试者话语输出量有何影响？

　　5. 应试者话语对面试官提问话语选择产生何种影响？

　　6. C- 口语面试的面试官提问话语存在哪些问题？有何改进建议？

二、理论和研究综述

（一）汉语本体领域的疑问句研究

语法学界早在 20 世纪 40 年代就开始对现代汉语疑问句进行细致深入的研究。他们从不同角度、按不同标准给疑问句进行了分类。

吕叔湘（2004：281-286）根据提问时疑点的不同将疑问句分为两类：特指问句和是非问句。特指问句是对事情的某一部分有疑问而进行发问；是非问句是针对整个事情的正确性进行发问，疑点"不在这件事情的哪一部分"。从句子形式上，吕叔湘又将是非问句分为两小类：抉择问句和反复问句。抉择问句和反复问句的形式不同，但是提问疑点相同，都是针对整件事情的对错发问。抉择问句是"叠用两个互相补充的是非问句，询问对方孰是孰非"；而反复问句是"把一句话从正反两面去问"。

根据句子的结构形式，张斌（2003：35-36）与黄伯荣、廖序东（2002：112-114）将疑问句分为四类：是非问、特指问、选择问和正反问。朱德熙（2007：202-204）将疑问句分为三类：是非问、特指问和选择问，并认为这三类问句都是由陈述句转换而来的。跟吕叔湘的观点不同，朱德熙将反复问看成是选择问句中的一种特殊类型。

邵敬敏在《现代汉语疑问句研究》（1996）一书中不仅介绍了汉语语法学界关于疑问句分类的标准和类型，而且从语法、语义和语用三个角度对疑问句进行了全面的研究。作者从结构形式上给疑问句分类，并分别描写了各类的形式特点、语义关系和语用功能。

本章将借鉴以上各家分类标准，结合语料，对 C- 口语面试中面试官提问话语进行语法层面的分类。

（二）会话分析领域的引发语研究

会话分析提出相邻对或对答结构的概念，将其作为分析会话结构的基本单位。无论是相邻对还是对答结构，都包含一前一后紧密联系的两个话轮，分别称为引发语和应答语。一种类型的引发语只能引出特定的应答语，一种类型的应答语也只适用于特定的引发语。会话就是由一组组"引发语—应答语"的对答结构接续而成，但这种接续不是简单组合，而是在功能和形式上呈现出复杂多样的组合模式。根据不同的会话场合，展现出不同的会话结构特征。随着机构谈话研究的兴起，课堂会话、电视访谈、法庭审判、医院问诊等机构谈话中引发语和应答语的互动关系得到关注，虽然目前还缺少对口语面试这一特殊机构谈话的引发语研究，而且当前研究的着力点在机构谈话的宏观结构和微观结构上，缺乏真正细致揭示引发语和应答语内在作用机制的成果，但会话分析对引发语功能的关注以及相关分析路径为本研究奠定了重要理论基础。

（三）基于 IRF 模式的课堂引发语研究

在二语习得领域，由于受到输入假说（input hypothesis）、输出假说（output hypothesis）和互动假说（interaction hypothesis）的影响，学者们对课堂教师引发语给予了较多关注。根据英国伯明翰学派 Sinclair 和 Coulthard（1975）的观点，IRF 模式是课堂师生互动最典型的结构模式。很多学者通过实证研究验证了这一模式。如 Tsui（1985）通过分析香港的英语课堂教学，发现 70% 的课堂师生互动遵循一个固定模式，即"教师提问学生—指定一个学生回答—学生回答问题—教师提供一定的反馈"，正与 IRF 模式相符。语料分析发现，IRF 模式同样也是 C- 口语面试中面试官与应试者互动的典型模式。在 IRF 模式中，引发语（I）的重要性是最为关键的，很多课堂会话研究者基于这一模式，对教师引发语（提问）开展了深入研究（下文详述）。本研究将综合借鉴 IRF 模式及该模式视角下的课堂引发语相关研究成果。

（四）课堂教师提问话语的研究

国内外学者对课堂教师提问话语研究得比较深入，主要涉及教师提问的分类、各类型提问的使用情况、各类型提问对学生话语的影响、教师提问的分布和策略等。结合本章研究目标，我们对相关研究成果进行了梳理和评述。

1. 提问的数量及提问类型研究

提问是教学过程的主要环节，早在 20 世纪初，国外研究者就开始研究课堂教师的提问。最早的研究者 Stevens（1912）指出，教师提问时间占课堂时间的 80% 左右；Levin 和 Long（1981）发现教师每天要提 300 ～ 400 个问题；Roth（1996）也指出，在教学中教师的提问比率是最高的，平均每小时提 82 个问题；White 和 Lightbown（1984）观察了一堂 50 分钟的课，发现教师提了 427 个问题。因此，Taba、Levine 和 Elzey（1964）把提问看成是唯一最有影响的教学行为。

提问是开启并维持母语者与非母语者之间语言互动的方法（祁娟，2010）。在外语课堂上，教师提问至关重要。但是，教师应该权衡教师话语和学生话语的比重，尽量给学生提供较多的"开口"机会。因此，教师的提问话语不宜过多，更不宜占用过多时间。

不同研究者从不同角度对提问进行了分类。大多数学者（Long 和 Sato，1983；Brock，1986；Nunan，1990）习惯于把教师的提问分为两类：展示性提问（display questions）和参考性提问（referential questions）。展示性提问"并不是真正的问题，但是可以用于引导语言操练"（Richards 等，2000：142）；而参考性提问"可以用于寻求教师不知道的信息"（Richards 等，2000：390），这一类别主要是从教师是否知道答案这个角度划分的。教师在课堂教学中主要承担两项任务：一是向学生们传授知识，二是引导学生们思考。教师分别运用这两类提问既能考查学生们掌握知识的情况，又能通过提问刺激学生们的发散思维，促使学生们主动思考问题。

根据学生的答案是否唯一，Feacock（1990）将教师提问分为开放性提问（open questions）和封闭性提问（closed questions）。教师使用开放性提问时一般对学生的回答没有任何预测，而使用封闭性提问时一般对学生的回答有特定预测，学生的回答可以是完全正确的，也可以是完全错误的（Peacock，1990：128-129）。这一类别的提问与上一类别的提问有相似之处，封闭性提问和展示性提问不需要学生过多的思考，而开放性提问和参考性提问需要学生深入的思考。不同之处是划分的角度，开放式提问和封闭式提问是从学生应答语的角度划分的，而展示性提问和参考性提问主要是从教师意图的角度划分的。

Jacobsen 等（1999：153-154）把教师提问分为聚合性提问（convergent questions）和发散性提问（divergent questions）。他们认为，聚合性提问只需要一个正确的答案，主要是用于询问一个事实或者相关回忆；而发散性提问则正好相反，它的回答范围比较广。这一类别的提问与开放性、封闭性提问相同，只是称谓不同而已。

Bloom（1956）从认知水平（cognitive level）的角度，将教师提问分成六类，分别是：知识性提问（knowledge questions）、理解性提问（comprehension questions）、应用性提问（applied questions）、分析性提问（analysis questions）、综合性提问（synthesis questions）和评价性提问（evaluation questions）。其中知识性提问是认知需求最低的提问，主要用于询问某些特殊的事实；而评价性提问是认知需求最高的提问，主要用于询问学生对某一事情或现象的看法。

Barnes（1969）通过观察英国中学课堂总结出四类提问：事实性提问（factual questions）（如"what?"）、推理性提问（reasoning questions）（如"how?""why?"）、不需要推理的开放性提问（open questions that do not require any reasoning）和社会性提问（social questions）。其中又将推理性提问分成两个小类：封闭性提问和开放性提问。Barnes 的提问分类没有固定标准，前两类是从语言形式划分的，而后两类则是从提问功能上划分的，分类不明。

Thompson（1997）从三个角度给提问进行了分类：从语言形式（form）上，提问可以分为两类，即是非型提问（yes-no questions）和特殊型提问（wh-questions）；从内容（content）上，提问可以分为三类，即外部事实性提问（outside facts）、个人信息性提问（personal facts）和个人观点性（opinions）提问；从目的（purpose）上，可以将提问分为两类，即展示性提问（display）和交际性提问（communication）。与以往的展示性提问和参考性提问类似，Thompson 认为展示性提问主要用于语言操练和考查学生是否理解已学过的知识，而交际性提问则是教师向学生索取信息。

国内对课堂教师提问的研究起步较晚，大多数研究者（周星、周韵，2002；胡青球等，2004；王银泉，2000）对教师提问的分类都参考了国外分类标准，即主要分为展示性提问和参考性提问。

关于对外汉语课堂教师提问的研究并不多见。曾玉（2006）用录音形式记录了 7 位对外汉语教师的初级综合课和口语课，观察发现在 50 分钟的课堂里，每位教师平均提了 77.93 个问题。祁娟（2010）同样用录音形式记录了初、中、高三个等级各两个班的精读课，发现在 270 分钟内，6 位教师平均提了 25.17 个问题。研究表明，对外汉语教师在课堂上使用的提问并不多。当前的对外汉语教学一般提倡"精讲多练"，以提高学生的"开口率"。二语课堂和母语课堂有本质的区别：前者的目的是习得一门外语，而后者的目的是学习知识。因此，在二语课堂上，教师应该把大量的时间交给学生，让学生有机会输出大量话语。

最早研究对外汉语教师提问的研究者马欣华（1988）将对外汉语教师的提问分为两类：固定性问题和开放性问题。前者的回答不需要学生组织语言材料，书上有现成答案；后者的回答需要学生组织语言材料，适用于培养学生成段表达的能力。周翠琳（1997）从目的、方式、内容及教学法的角度给对外汉语教师提问进行了分类。从提问目的角度，将提问分为疑问和设问；从提问方式角度，将提问分为语言提问和非语言提问；从提问内容角度，将提问分为就字面意义的提问和就深层含义的提问；从教学法角度，将提问分为展示式提问和查询式提问。这种分类角度比较全面，有待进一步深入研究。

除了关于课堂教师提问的研究以外，何自然、冉永平（2009：216-221）从语用功能的角度，把日常交际中的提问分为六种情况：真实类提问，目的在于获取信息，是日常生活中最常见的提问；反问/反诘类提问，目的不是寻求问题的答案，而是隐含一种断言或言外信息；澄清类提问，目的是要求对方进一步提供信息；确证类提问，目的是要求对方确认自己预想到的答案；提醒类提问，目的并不是为了获知问题的答案，而在于提醒对方；寒暄类提问，目的是出于礼貌的日常寒暄。根据这六种情况，他们又将提问归纳成三种类型：需要对方提供信息的提问，产生一定行为的提问和不提供答案的提问。

2. 提问类型选择及对话语输出影响的研究

国外大量研究者通过实证研究证明，在外语课堂提问中，教师使用的展示性提问远远多于参考性提问。Long 和 Sato（1983）对比研究了课堂中母语者与非母语者的会话和日常生活中母语者与母语者的会话。研究发现：前者使用展示性提问的比例（51%）远远高于后者，在真实的日常会话中，母语者与母语者之间几乎不使用展示性提问。Pica 和 Long（1986）的研究得出类似的结论：课堂中，教师（无论有没有经验）大量使用展示性提问。Brock（1986）指出，母语者在非正式的日常会话中，使用大量的参考性提问（76%），而几乎不使用展示性提问。课堂会话却完全相反，教师使用的参考性问题仅占 14%（Long 和 Sato，1983：280）。

国内学者们借鉴国外成果对国内二语课堂的提问类型分布开展了实证研究。祁娟（2010）的研究表明，随着学习者语言水平的提高，教师运用参考性问题进行提问的比例并没有随之增加。但是，许苇（2007）观察了 4 个初级班 8 位教师 40 节对外汉语教学课堂的教师提问，发现展示性提问和参考性提问在课堂上的使用比例相当，且参考性提问略高于展示性提问，其原因可能是为了"提高学生的汉语交际能力"。许峰（2003）观察了国内 6 名大学英语教师的课堂教学情况，发现随着提问数量的增加，教师使用的参考性提问也逐渐增多。

教师使用的展示性提问和参考性提问既然有明显差异，那么这两种提问类型对学生的话语输出是否有影响？教师应该如何使用这两类提问呢？为了解决以上问题，Brock（1986）对比分析了两个实验组和两个控制组的课堂提问情况，研究表明学生在参考性提问中输出的平均话语长度为 10 个词，而在展示性提问中输出的平均话语长度为 4.23 个词，二者之间的差异具有统计学显著意义。据此，Brock 认为参考性提问有助于提高学生的话语输出量。

大部分学者（Long 和 Sato，1983；Lynch，1991；Nunan，1987；杨雪燕，2007）的研究表明，教师应该多使用注重分析与综合能力的思考性提问，而不是注重记忆的事实性提问；多使用允许多种答案的开放性提问，而不是只有一个答案的封闭性提问；多使用旨在交换信息的参考性提问，而不是检验学生掌握情况的展示性提问。Dllion（1988，转引自曾玉，2006）指出，教师如果提出那些要求进行分析、综合及评价的问题，则可以更多地激发学生的高层次思维；如果用得少，则这种行为会被激发出来得很少。总之，教师应该多使用认知需求高的提问，少使用认知需求低的提问。因为前者促使学生输出大量的信息流，从而使学生的话语接近标准语言，而后者只能让学生输出较短的甚至只包含一个词的话语（Brock，1986）。

也有学者提出不同意见。Thompson（1997）指出，教师应该根据自己的教学目的使用相应的提问，不应该有所偏废。他认为，展示性提问虽然不能使学生输出大量的话语，但是可以提高学生参与课堂互动的机会；参考性提问则可以使课堂互动更具有交流性。Shomoossi（2004）对展示性提问和参考性提问做了定量定性研究，得出如下结论：前者可以激发学习者的学习兴趣，特别是初学者，同时也增加了学习者的语言输入；后者能够使学生输出大量的语法复杂的话语，特别是在高水平的课堂中。他特别强调，认为参考性提问比展示性提问重要的观点是危险的，应该根据每次课的内容合理安排提问类型。上述观点引发本研究的思考，即教师选择提问类型时不仅要关注提问类型本身的特点和功能，同时也要考虑到授课内容和教学目的及教师提问的作用，更要考虑学生的语言水平等因素。在 C- 口语面试中，同样需要面试官根据应试者的语言水平选择合适的提问类型。

总体来说，国内外对于课堂教师提问的数量、类型、分布及作用等的研究已成规模，为本章研究提供了有益的借鉴。但也还存在有待探索的空间，比如对汉语作为第二语言的课堂提问研究比较匮乏，特别是二语测试中的提问话语还乏人关注。另外，国内外的课堂提问研究大多是静态的分析和描写，对教师提问话语与学生应答语之间的互动关系缺少深入探讨，对提问话语的选择和控制缺乏动态关注。本研究将在这方面进行深入探索。

（五）电视访谈主持人提问话语的研究

关于会话中提问产生和运作的内在机制及提问与应答互动关系的研究成果比较少见，以电视访谈节目主持人的提问话语为研究对象，聂丹（2005，2007）较早地对提问的选择和控制问题进行了专题探索。

聂丹在《言语进程中问语的选择》（2005）一文中主要探讨了言语进程中问语的分类、问语与答语的关系、问语选择的制约机制，以及问语选择的类型模式等四个问题。该文从问语的位置和功能两个角度将问语分为首发问语和后续问语、原初问语和从属问语，进而讨论了言语进程中问语与答语之间的互动关系，即问语限制着答语的生成和意向范围，答语作为其后问语的一个生成语境，客观上制约着问语的生成与选择。论文指出制约问语选择的重要因素包括信息需求与信息价值、回答者背景、相关情境和先前答语，特别强调了先前答语对后续问语的制约作用，逐一讨论了非完成型意义、非标准完成型意义、标准完成型意义三类答语对后续问语的影响和制约。在此基础上提出问语选择的三种类型，即话语构造类型、语气类型和表达方式类型。本章将借鉴该文的研究路径，特别是在划分提问类型及探讨应试者回答对提问的反作用时将主要参考该研究成果。

基于问语与答语之间存在作用与反作用的互动关系，聂丹在《话题调控者的问语控制》（2007）中重点讨论了言语进程中问语对答语和话题的控制模式。论文将问语的控制分为本原控制和过程控制，前者是指问语本身具有的控制能力，后者是指在会话过程中问语对答语偏离现象的控制。该文根据问语自身控制能力的强弱和相对关系，将问语分为三类：开放性问语、封闭性问语、半开放性和半封闭性问语。同时，将问语的过程控制分为先发控制、后发控制和多种控制并存。作者将两种控制结合起来提出两种典型的问语控制模式：（1）典型的先发控制模式：从属问语1—从属问语2……—原初问语，即[封闭→渐开放]；（2）

典型的后发控制模式：原初问语 1—后续问语 1…… —原初问语 2，即 [开放 → 封闭 →（渐开放）]。该文关于问语对答语的控制模式研究为本章研究面试官如何控制应试者答语提供了研究思路。

三、研究思路

（一）研究语料

本研究抽取了 60 场面试的转写语料，均为韩国应试者语料，其中初、中、高三级水平应试者语料各 20 份。语料中对停顿、吸气、声音延长等非语言因素也做了简要标注。由于提问话语的语气关系到提问话语类型的划分，为了准确判断面试官话语的语气类型，转写语料只是作为辅助，主要还是依据实际录像进行判定和归类。

（二）研究步骤

1. 本研究以会话分析、伯明翰学派 IRF 结构模式及汉语本体疑问句相关研究作为理论基础，综合借鉴了课堂话语、电视访谈等机构谈话中的提问研究成果，对面试型口语考试中面试官提问话语进行定性分析，从形式、功能和开放度三个角度对提问话语进行分类和描写；并以提问开放度类型为中心，揭示它与提问形式类型和提问功能类型之间的关系。

2. 运用统计分析和对比分析手段，揭示各类提问话语在面试中的数量及分布情况，特别是在不同等级面试中的分布特征，探讨不同类型提问话语在会话中的作用。

3. 统计各类提问话语所引发的应试者话语的输出量，分析不同类型的提问话语对应试者话语输出量的影响，并探讨这种影响在不同等级水平的面试中是否呈现出一致性规律。

4. 从语用学的合作原则出发，将应试者话语分成不同类型，考察面对不同类型应试者话语时面试官的提问策略，使提问话语既能引导应试者输出足量话语，又将话语内容控制在当前话题下。

5. 基于上述研究结果，总结汉语作为第二语言口语考试中面试官提问话语的规律和存在问题，对面试官提问的选择和控制策略提出相关建议。

第二节　提问话语的界定

一、提问话语的定义

Longman dictionary of the English language 对提问的定义是：提问是命令或疑问的表达，用来引出信息或回答，或者检测知识（转引自Lynch，1991）。但是不同学者为了不同的研究目的，从不同角度对提问进行界定，使得这一术语的内涵始终处于模糊状态。

Ur（2000）指出，在教学中提问最好的定义就是能够诱导出学生口头回应的教师的话语，因此提问不仅包括疑问句，还包括陈述句和祈使句。这一定义主要是从提问的作用出发的，是一种外延广泛的定义。Wilen（1982）则认为提问是一个特殊的句子，既具有疑问的形式，又具有疑问的功能。这一定义不仅包括了 Ur（2000）的提问作用，同时还限定了形式，把陈述句和祈使句排除在外，仅包括有标志的疑问句。

Katz 和 Postal（1964）认为提问属于要求（request）的一部分行为，有引出或询问信息的意图，旨在使听话者提供说话者需要的信息。这一观点得到了 Gordon 和 Lakoff（1975）与 Labov 和 Fanshel（1977）的支持。Quirk 等（1972）将提问定义为一个语义类（semantic class），主要是在某一特定疑点上寻求信息，即寻求有关这一疑点的有价值的语义内容。这是从语义的角度给提问下的定义。Lyons（1977）把提问看作是具有特殊施为性语力（illocutionary force）的话语，提问含有怀疑、疑虑的特点，最佳条件是提问者不知道答案的提问。这是从语用学角度给提问下的定义，把提问看作是以言行事（illocutionary act），即"在说某事中所存在的行为"（Searle，1969），并提出使用提问的最佳条件。

对林林总总的上述定义，徐碧美（2000）进行了总结，认为一个话语有时由于是疑问的形式而被看作是提问，有时由于引起了听话人的回答或者一些言语表现而被看作是提问。总之，"提问"有时被看作是句法形式类别，有时被看作是语义类别，有时被看作是语用类别、话语类别。

综合各家之言，本章所研究的面试官提问话语特指在面试型口语考试中能够引起应试者口头回应的求取信息的话语。也就是说面试官提问话语具有引发信息的功能，从语言形式上看既包括疑问句[①]，也包括寻求信息的陈述句和祈使句等。此外，有时面试官的提问只说一半，引导应试者将未说出的另一半补充完整，如："怎么学呢？怎么学习？自己学习还是……？""你上大学是……？"这也是一种寻求信息的提问方式，我们把这类话语也看作提问话语，聂丹（2005）称这类提问为期待语气的提问。

正如 Richards 等人（2002：236）所指出的，疑问句只是提问的特殊形式，有的时候，疑问句并没有提问的功能。为此，本章主要从功能上界定提问话语，兼顾句子的形式。在 C- 口语面试中，有些面试官话语从句子形式上看是疑问句，但是从功能上看并不具有索取信息的作用，而只是鼓励应试者继续说下去。比如，面试官在应试者回答过程中常常插入"是吗？""是吧？"等话语，以提醒应试者"我在听，你继续说"或者"我同意你的看法，继续说下去"等。本章认为这类话语是反馈话语，不属于提问话语。另外，有时候应试者话语中出现错误或面试官没有听清楚，为了确认或提醒应试者修正，面试官常常用疑问的语气重复应试者说过的话（如例 3.1），这类话语也不在本章研究之列。

例 3.1：

应试者：嗯，那现在我的工作是音乐方面的工作。

面试官：音乐？

---

① 本章所说的疑问句是指黄伯荣、廖序东（2002：110-116）根据句子语气划分出来的句类。根据形式和语义特点，疑问句又包括四类：是非问、特指问、选择问和正反问。

应试者：嗯：风味是非常好，还有……

面试官：什么非常好，你说？

应试者：风味。

总之，本章所指的提问话语主要着眼于话语功能，即旨在引起应试者口头回应、求取信息的话语，而不限制话语形式。除了疑问句之外，陈述句、祈使句、未完成句等都可以承担求取信息功能，因而都可以充当提问话语。

二、提问话语的作用

徐碧美（2000）系统总结了提问的六个作用：提供消息（inform）、确认（confirm）、同意（agree）、承诺（commit）、重复（repeat）和澄清（clarify）。学者们研究二语习得课堂，总结了教师话语的双重作用：一方面教师话语被看作向二语习得者提供可理解语言输入的一种"简单代码"，可以更好地帮助学习者听懂话语，进行交际；另一方面教师话语被视为组织、管理、指导二语课堂活动的一种有效手段（胡学文，2003）。Kauchak 和 Eggen（1989：104）指出，教师的提问主要有三个作用：诊断作用（diagnostic function）、引导作用（instructional function）和动机作用（motivational function）。具体说来，教师通过提问可以诊断出学生在学习过程中掌握知识的多少和掌握的程度；教师的提问也可以帮助学生整合新旧知识，澄清知识之间的内在联系，内化知识的同时掌握重点知识；在课堂上，学生积极性的调动也需要教师提问来实现。随后，Peacock（1990：128）详细说明了教师提问的作用，主要包括以下几点：教师通过提问发现学生知道或理解了哪些知识，还有哪些是学生不知道或没有理解的；教师的提问还可以提示学生们已学过的知识；教师的提问能够激发或提升学生们的思考；而且好的提问可以有效地控制课堂，将学生的注意力集中于正在进行的话题上。Richards 和 Lockhart（1996：185）在前人研究的基础上，总结了教师提问的五个作用：诱导出特殊的语法结构和词汇，检测学生的理解情况，鼓励学生参与学习，刺激学生的思考，帮助差学生参与课堂互动等。马欣华（1988）研究了对外汉语课堂，指出教师提问的三个作用：一是引起学生注意，增强学生的记忆，激发学生的学习兴趣；二是扩大学生思考的广度和深度，培养学生用目的语表达自己思想的能力；三是课堂提问还具有评鉴功能，"学生的回答具有反馈作用，教师可以透过这种反馈检查自己的教学效果，发现学生的弱点，作为改进教学的依据"。傅索雅（2002）、黄晓颖（2004）、刘晓雨（2000）等也提到对外汉语教师提问的上述作用。

综上所述，第二语言课堂教师提问的作用主要是帮助学生习得语言或学习知识，同时控制课堂秩序，因为二语课堂主要以语言习得为根本目的。而在 C- 口语面试中，面试官提问的根本目的是诱导应试者输出大量的话语，以此评判应试者的语言能力，而不是引导或引起语言习得。对比教师和面试官角色的不同，基于语料分析，我们总结出面试官提问的四个主要作用：

（1）传达口语考试的任务，面试型口语考试的试题主要是通过面试官提问来传达的；

（2）在有限时间内诱导应试者输出尽可能多的话语，并促使应试者发挥出最高最真实的水平；

（3）控制应试者的话语内容，促应试者话语尽量紧扣当前话题；

（4）承担着提出话题、继续话题或转换话题的作用，维持考试的有序进行，控制考试的环节和程序。

在此基础上，本章进一步将面试官提问的基本作用归为两类。一是求取信息、刺激输出。面试官并非真的对信息内容感兴趣，其根本意图在于引发应试者输出大量话语，从而在充足的言语样本基础上对应试者语言水平进行评估。作为测试的任务要素，面试官提问起到了刺激应试者话语输出的作用。二是引导和维系谈话。面试官提问旨在营造一个自然互动的会话氛围，作为测试的情境因素，面试官提问起到了发起话题、继续话题、转换话题等控制谈话内容和走向的作用。

第三节 提问话语的类型和分布

在理论和文献综述的基础上，结合实际语料，本章从提问形式、提问功能和提问开放度三个角度对面试官的提问话语进行分类。关于提问分布的频次统计，本研究是以话轮为单位进行统计的，即从面试官开口提问算起，到面试官停止说话或者应试者发起新的话轮为止，算作一次提问。不管在这个话轮中面试官提出了几个问题，都统称为一次提问。以话轮为单位统计提问话语，是为了统计上的方便，也为了合理计算一次提问所引发的应试者话语的输出量。因为如果面试官在一个话轮中提了多个相关问题，我们无法判断应试者的话语分别对应哪个问题，而以话轮为单位统计提问话语就可以避免纠缠于此。

一、提问的形式类型及分布

（一）不同形式的提问话语

从语言形式上，我们以语气为标准（黄伯荣、廖序东，2002：110-116），将面试官提问话语分为三类：疑问式提问、陈述式提问和祈使式提问。其中，疑问式提问根据形式和疑点的不同，又分为五小类：是非式提问、选择式提问、正反式提问、特殊式提问和特殊－正反式提问。"是非式提问的结构像陈述句，只是使用疑问语调或兼用语气词'吗''吧'等的疑问句；选择式提问是提出不止一种看法供对方选择的疑问句，一般用'是、还是'连接分句；正反式提问是由谓语的肯定形式和否定形式并列构成的疑问句。这三类提问的疑点是针对整件事情的正误，要求听话者对整件事情做出正误判断。特殊式提问是用疑问代词来表明疑点的疑问句……"（黄伯荣、廖序东，2002：112-113）特殊－正反式提问形式上是正反疑问句的形式，但是提问疑点和特殊式提问相同，都是针对事件具体某一部分的提问。聂丹（2005）将言语进程中的问语按语气分为疑问语气、判断语气、发动语气和期待语气四种类型[①]。其中，疑问语气相当于本研究的疑问式提问，判断语气相当于陈述式提问，发动语气相当于祈使式提问，而期待语气的提问在本研究语料中并不多见，我们将其列为其他类提问。上述各类提问话语的示例如下：

例 3.2：是公安？哦：：你开车的时候遇到过类似的事情吗？

（是非式提问）

例 3.3：哦，那好，那你们同事朋友他们喜欢是踢足球啊还是打篮球？（选择式提问）

例 3.4：你、你有没有孩子？（正反式提问）

例 3.5：现在韩国是什么样的天气呀大概？（特殊式提问）

例 3.6：好的，那么当然你自己不喜欢那种比较危险的运动，但是你可能听说过一些比较危险刺激的运动，你能不能举出这样的一个例子？（特殊 - 正反式提问）

例 3.7：那你就更是中国通了。（陈述式提问）

例 3.8：不认识就好，你就、看一下，简单地看一下，说说这个图上的内容。（祈使式提问）

例 3.9：你现在住的房子是：：：？（其他提问）

需要说明的是，有些提问话语从形式上看是陈述句，没有疑问词等标志，但却带有疑问语调，具有寻求信息的疑问功能。如：

例 3.10：哦：你以前在韩国就一点儿没学？

例 3.11：那么，这几天特别冷，嗯：：你、你也习惯了？

[①] 疑问语气的句子特征是含有显著的疑问标示，如疑问语调、疑问语气词、疑问词和特定句式结构；判断语气的句子特征是一个关于对方所知事件的陈述和命题，不含任何疑问标示；发动语气的句子特征是通过支问标记词等对提问行为给予明确声明，旨在发动对方接受发问前提，以回答行为作为接应；期待语气的句子特征是句子不完整，只有前半截，期待对方结合语境将后半截补全。（引自聂丹，2005）

以上两类提问话语也属于是非式提问，是最弱的发问。本研究对这类提问的语调都是通过面试录像一一鉴别、确认的。

陈述式提问虽然不含任何疑问标记，但也具有提问引发的效果。在C- 口语面试中，面试官和应试者始终处于调控者和受控者的地位。面试官为了降低这种不对等地位给应试者带来的压力，适当把话语权让渡给应试者，有时会根据应试者话语做出推断或者发表自己的观点，刺激应试者思考和应对，从而引导应试者输出大量的话语。这种引发方式其实是一种间接提问，只不过减弱了发问的语气。当然，并非所有陈述句都是提问话语，如"时间到了"等具有提示、宣告作用的陈述句就不能算作提问话语。

值得一提的是，有时面试官在一个话轮的提问中，同时用了几种不同类型、内容相关的提问话语。比如：

例 3.12：没有很多机会，如果给你很多的机会的话，你大概想做一些什么呢？就是踢：：比较那种：：有挑战性的，嗯：比较可能有点儿危险，但是很刺激的这样的运动呢？还是其他的一些运动？

例 3.13：那你觉得，嗯：你喜欢运动，别的人喜欢不喜欢运动？你觉得喜欢运动的人多吗？

例 3.12 中，面试官使用了特殊式提问和选择式提问；例 3.13 中，面试官使用了正反式提问和是非式提问。一方面，这可能是面试官在自我监控下的提问话语调整。当面试官意识到提问话语不能反映提问主旨时，就会及时调整先前的提问，使调整后的提问更能准确体现疑点所在。另一方面，面试官在提出核心问题之前，可能会将提问意图层层分解，通过几个小问题的铺垫，顺势提出核心问题。在上述两种情况下，本研究只记录调整后的提问话语类型或核心提问的话语类型。为此，上面两例我们分别归为选择式提问和是非式提问。

（二）提问形式类型的等级分布

各类不同形式的提问话语在初、中、高三个等级考试中的频次分布情况见表3-1（表中比例保留两位小数，以下各表相同）。

表3-1　提问形式类型的数量分布（n=60）

提问形式类型		初级		中级		高级	
		总数（次）	比例（%）	总数（次）	比例（%）	总数（次）	比例（%）
疑问式提问	是非式提问	191	30.08	163	26.94	167	28.79
	选择式提问	40	6.30	39	6.45	16	2.76
	正反式提问	58	9.13	58	9.59	58	10.00
	特殊-正反式提问	22	3.46	25	4.13	23	3.97
	特殊式提问	224	35.28	231	38.18	209	36.03
陈述式提问		38	5.98	37	6.12	59	10.17
祈使式提问		54	8.50	47	7.77	42	7.24
其他类提问		8	1.26	5	0.83	6	1.03
总计		635	100	605	100	580	100

"总数"指各类提问在该等级的总频次，"比例"指各类提问占该等级面试官提问总数的比重。从数据上看，随着应试者汉语水平的提高，面试官的提问总频次逐渐减少，说明在中高级考试中，面试官可能将更多的时间交给了应试者，使应试者获得更多的话语权；同时，也表明中高级应试者的成段表达能力高于初级应试者。

从各类提问的使用和分布情况来看，疑问式提问在各级考试中所占比例最高，其中，特殊式提问和是非式提问是使用最多的两种提问形式。有研究（张建强，2008）表明，在不同年代，本族人对不同类型疑问句的使用频率有基本一致的排列顺序，即特指问＞是非问＞正反问＞选择问（"＞"左边表示使用频率高）。这一排序得到本研究的验证。由于特殊式提问不仅在语气上容易使应试者辨别，而且具有明显的疑问标示（疑问代词"谁""什么"等和由此组成的短语"为什么""什么事"等），使疑点更为突出，应试者在特殊式提问下，能够针对疑点提供比较确切的信息，因此这一提问形式在各等级面试中都有很高比例的分布。是非式提问大部分具有明显的语气词"吗""吧"等，疑问语调明晰，容易回答，在初级考试中的分布多于在中高级考试中的分布。其他几类疑问式提问的使用频次较少，在各等级的分布没有显著差异，只有选择式提问在高级考试中出现的比例明显低于初中级考试，可能是因为这类提问的二选一回答难度较低，不宜引发大量的话语输出，所以在高级水平考试中不常使用。

陈述式提问在高级考试中的分布比例明显高于在初中级考试中的分布比例。这可能是因为陈述式提问具有日常攀谈的性质，不仅可以减少测试带给应试者的紧张情绪，而且更容易考查出应试者在模拟自然会话的场景中日常对话的能力；但是，由于应试者水平的限制，初级应试者并不完全具备自然会话的能力，也未必能辨识陈述式提问求取信息的意图，而高级应试者具备这方面的能力，可以与面试官自由攀谈。祈使式提问和其他类提问在各等级考试中的分布并无明显差异。

我们使用 SPSS（17.0）软件对各类提问在三个等级中的分布差异性进行了单因素方差分析，检验结果如下：是非式提问 $F_{(2,57)}=0.000$，$P=1.000$；选择式提问 $F_{(2,57)}=0.000$，$P=1.000$；正反式提问 $F_{(2,57)}=0.000$，$P=1.000$；特殊 - 正反式提问 $F_{(2,57)}=0.016$，$P=0.984$；特殊式提问 $F_{(2,57)}=0.000$，$P=1.000$；陈述式提问 $F_{(2,57)}=0.000$，$P=1.000$；祈使式提问 $F_{(2,57)}=0.000$，$P=1.000$；其他类型提问 $F_{(2,57)}=0.000$，$P=1.000$。上述统计结果表明，各类提问在三个等级的分布并无显著性差异。或许是受到研究样本数量的限制，结果没有真正反映出不同等级考试在提问话语形式选择上的倾向性。

二、提问的功能类型及分布

（一）不同功能的提问话语

在 C- 口语面试中，每场考试都谈论一个或几个大话题，每个大话题之下又有几个相关的小话题构成话题链。本研究所说的话题是篇章要素，大话题是指每场考试面试官与应试者谈论的中心问题，小话题是指中心问题分解出的不同方面的子话题。在每个小话题下，面试官通常使用不同功能类型的提问话语向应试者询问相关信息，有的提问话语直接询问有关该话题的焦点信息，有的提问话语询问焦点信息之外的其他信息，要么是为了引导应试者一步步接近焦点信息，要么是为了引发应试者进一步谈论与焦点信息有关的附加信息。本章从功能角度出发，将询问焦点信息的提问话语称为核心式提问，询问其他信息的提问话语称为辅助式提问。

例 3.14：

面试官：就是我听说你们公司都很忙，是吗？（辅助式提问）

应试者：嗯。

面试官：经常要加班吗？（辅助式提问）

应试者：不经常，偶尔吧。现在偶尔，以前我刚：进 ××× 的时候经常加班。

面试官：嗯，你理解这个公司的这个安排吗？比方说让你加班很多，或者说现在，嗯，加班少了，这两种政策肯定都有它的道理，\\是吧\\，你是这么理解的吗？那你说说这两种安排不同的道理不同的理由，可以说说吗？（核心式提问）

应试者：其实加班就是他个人的工作的能力吧……

面试官先使用两个辅助式提问了解应试者的工作信息，随后就势引出核心式提问，向应试者求取关于话题观点的焦点信息。

例 3.15：

面试官：嗯，好了，好了，那我问另外一个问题，这个可能，

> 嗯：：一下想不出来，啊，那么就是说我们：：现在社会，就是离不开人和人的合作，我们不可能每个人只做自己的事情的，那么我们就：既然要跟人合作，那么我们就跟各种各样的人打交道，嗯，那么：你认为一、嗯，一个在工作上可以跟别人合作得很好的，这样的人，应该有哪一些素质？（2.0）就是说我们怎么样才能够跟各种性格的人打交道？相处得很好？（核心式提问）

应试者：这个我、我觉得就是对初次见面的人，我个人的感觉，我比如说我跟老师你初次见面，那老师你的印象也：好……

面试官：可是我们为了干好工作有时候没办法，顾不得别人的内心，我们实际上不太喜欢的人打交道，你觉得这个时候应该怎么办？（辅助式提问）

应试者：没办法。

面试官：做到什么程度？（辅助式提问）

应试者：首先我跟他对待的时候呢，我也觉得、我也给他很：那个那个很认真地对待……

面试官：哦，好的，你的意思就是说还是（咳）不管别人怎么样你还是该怎么做就怎么做，是这意思吗？（辅助式提问）

应试者：对。

面试官首先使用核心式提问请应试者就话题焦点发表看法，由于应试者未能一步到位地提供充足信息，所以面试官又连续使用了三个辅助式提问进行追问。

例 3.16：

面试官：那么你怎么样来：看这样的事情呢？就是比如说裁判，我们明明知道他错了，那这个时候我们应该怎么办？就是说作为运动员应该怎么办，作为观众应该怎么办？

（核心式提问）

应试者：我、我的立场是，嗯，我觉得这样，这个裁判的这个错误是已经这个比赛的一、一部分……

面试官：你刚才说的是裁判如果犯错了要纠正，是吧？你、你的意思是怎么纠正呢？（辅助式提问）

应试者：如果这、如果这个：这件事太严重的话，我们、我们可以把他不能担当一个（以后）的这个裁判的任务……

面试官：也就是、也就是说他这次错了，以后就不让他再，嗯：（辅助式提问）

应试者：对、对、对、对。

面试官：那这对他是公平吗？因为你刚才就说了，裁判犯错误是比赛的一部分，那也就是说你是接受裁判犯错误的？

（辅助式提问）

应试者：你、你、你说得有道理，但是呢，因为是只有一个人的错误，很多人最后不好的话，这个也是不公平的呀……

面试官：那也就是说你刚才说的是一类有多数人在判断，是吧？好的，那么你觉得在别的行业当中，是不是也有类似的情况？比如说一个权威一个专家，他有权力决定一些大事情，可是他有犯错呢？（核心式提问）

应试者：没有，没有。

　　面试官先使用核心式提问提出话题的焦点，再使用辅助式提问进行追问，接下来又使用核心式提问提出另一话题的焦点。

　　由此可见，有的辅助式提问出现在核心式提问之前，如例 3.14；有的出现在核心式提问之后，如例 3.15；有的出现在两个核心式提问之间，如例 3.16。出现在前面的是为自然引出核心式提问做铺垫；出现在后面的是对核心式提问进行补充追问，刺激应试者深入思考，使话题谈论得更充分；出现在中间的则具有以上双重功能，既是对前一话题的深化，又是对后一话题的铺垫，既使前一个话题得到充分讨论，又使下一个话题过渡自然。

（二）提问功能类型的等级分布

各类不同功能的提问话语在初、中、高三个等级考试中的频次分布情况见表 3-2。

表3-2　提问功能类型的数量分布（n=60）

提问功能类型	初级		中级		高级	
	总数（次）	比例（%）	总数（次）	比例（%）	总数（次）	比例（%）
核心式提问	188	29.61	176	29.09	180	31.03
辅助式提问	447	70.39	429	70.91	400	68.97
总计	635	100	605	100	580	100

可以看出，在各等级考试中，面试官使用辅助式提问的比例大大高于使用核心式提问的比例。这恐怕是因为，每场口语考试的话题数量是有限的，这就不可能有太多反映话题焦点的核心式提问，面试官大多数时候都在使用辅助式提问，或是为引出核心式提问层层铺垫，或是引导应试者将核心式提问继续深化。

比较两类提问在各个等级中的分布情况，从数据上看差异不明显。只有在高级考试中，核心式提问所占比例略高于在初中级考试中的占比，辅助式提问的占比则略低于在初中级考试中的分布比例。原因恐怕还是高级应试者具备了较好的成段表达能力，面试官无须将每个核心式提问分解成若干个辅助式提问，也无须过多引发应试者深化对核心式提问的回答。

我们对两类提问在三个等级中的分布差异性进行了单因素方差分析，检验结果如下：核心式提问 $F_{(2,57)}=0.000$，$P=1.000$；辅助式提问 $F_{(2,57)}=0.000$，$P=1.000$。这一统计结果表明，两类提问在三个等级的分布并无显著性差异。这或许从一个方面证明了不同等级考试的基本流程是一致的，在提问话语的功能选择上并无明显倾向性。

三、提问的开放度类型及分布

（一）不同开放度的提问话语

开放度是指提问话语对回答范围的限制程度，提问话语对回答的限制越大，需要回答的范围就越小；反之，提问话语对回答的限制越小，需要回答的范围就越大。在 C- 口语面试中，有的提问话语对应试者的回答限制较大，需要应试者回答的内容较少；有的提问话语对应试者的回答限制较小，需要应试者回答的内容较多。本章将第一类提问称为封闭式提问（如例 3.17），将第二类提问称为开放式提问（如例 3.18）。这只是一个粗略的分类，其实在每个类别之内，不同提问话语的开放度也还是有区别的。

例 3.17：那你、你们是几点上班的应该？（封闭式提问）

例 3.18：啊，那如果意见不一致的时候，意见不一样，你：要怎么办呢？（开放式提问）

（二）提问形式、功能与开放度的关系

1. 提问形式与开放度的关系

（1）复杂特殊式提问、祈使式提问、特殊 - 正反式提问——开放式提问

询问事件缘由、事物性质、解决方法等的特殊式提问一般包含"为什么""怎么样""怎么办"等疑问代词。这类特殊式提问对应试者的回答限制较小，为应试者提供了一个较大的思考和表达空间，应试者可以做出具体详细的自由表达。

祈使式提问一般用在让应试者做自我介绍、描述图片、讲述经历等测试任务环节，直接提出任务要求，其发问点常常是事件的经过始末和事物的性质状貌等，寻求的信息范围比较广泛，对应试者的回答限制较小，应试者可以围绕提问主旨进行自主回答。

特殊 - 正反式提问形式上是正反疑问句，但在内容上是寻求具体信息，其提问疑点和特殊式提问的疑点类似，都是针对事情具体某一部分

的提问，只是提问形式有所不同。如"能不能谈谈你的看法？"其实是针对应试者"看法"的提问。

以上提问形式都对应试者的回答提供了较大的自由发挥空间，可视为开放式提问。

（2）是非式提问、选择式提问、正反式提问、简单特殊式提问——封闭式提问

是非式提问、选择式提问、正反式提问的疑点是针对整件事情的正误，要求听话者对整件事情做出正误判断（黄伯荣、廖序东，2002：112-113）。应试者一般只需做出正误判断即可，可以不提供其他信息。这几类提问对应试者回答内容限制较大，应试者给出正误判断就可以视为充分回答，无须再提供多余信息。以上形式的提问都是封闭式提问。

询问时间、地点和人物等的特殊式提问一般包含"什么时间""哪儿"和"谁"等疑问代词。针对疑点的回答内容比较明确、简单，无须复杂构思，这一类特殊式提问也属于封闭式提问。

（3）陈述式提问、其他类提问——开放式提问 / 封闭式提问

陈述式提问在 C- 口语面试中主要分为两种情况：一种情况是面试官根据应试者话语进行适度猜测，应试者只需要判断面试官猜测的正误，可以不提供其他信息。这种情况对应试者回答内容的限制较大，可视为封闭式提问（如例 3.19）。另一种情况是面试官针对应试者话语提出自己的观点，引导应试者进行评价或辩论。这种情况对应试者回答内容的限制较小，应试者需提供较多信息发表意见，可视为开放式提问（如例 3.20）。

例 3.19：

面试官：对、对、对，那很好，吃饭的问题还是可以解决的。

应试者：还可以。

例 3.20：

面试官：可是他经常迟到，早点下班，那别的同事看到他总是这样，那以后我们也可以迟到，是吧？那他经常迟到你给他

涨工资，那你刚才说了如果你经常迟到，我警告你，你还迟到，我可能要辞退你，那现在不是这样了，你给他还加了工资。

应试者：但是，嗯：：嗯：：我：告诉他们，嗯：一次迟到是罚款，嗯：如果是一百块，第二次是三百，第五次是，嗯，五百，第，三 - 嗯，三四次五次，六次是一千块，你，嗯：：你的灵敏很高还有你的工作你的贡、嗯：贡献是很大，但是，嗯：你的，二时，或者工作的知识是不好，你、你该罚款……

其他类提问在 C- 口语面试中数量不多，主要也分为两种情况：一种情况是省略的疑点只需要应试者提供时间、地点、人物等简单信息，应试者需要回答的内容很少，可视为封闭式提问；另一种情况是省略的疑点需要应试者表明态度、立场等评价性信息，通常需要应试者展开回答，可视为开放式提问。

2. 提问功能与开放度的关系

（1）核心式提问——开放式提问

根据我们对语料的观察，在 C- 口语面试中，大部分核心式提问都属于开放式提问，旨在引导应试者自由地成段表达。核心式提问是面试官与应试者谈话的中心内容，但是，根据话题和体裁要求的不同，同样开放度的核心式提问其难易程度也有所不同。比如，要求应试者围绕熟悉的生活类话题来叙述一段经历的核心式提问难度比较小，只需要应试者从记忆图式中提取相关信息表述出来即可，这类提问比较适合初级应试者；而要求应试者围绕某个社会性话题发表意见或观点的核心式提问难度比较大，应试者不仅要有清晰的思想见解和逻辑思维能力，还要有能力将抽象的观点用汉语表达出来，这类提问的难度比较大，只有中高级水平应试者才有望应对。

（2）辅助式提问——开放式提问，封闭式提问

语料观察显示，在核心式提问之前起层层铺垫作用的辅助式提问通

常开放度比较低，大多属于封闭式提问。在核心式提问之后起步步追问作用的辅助式提问则有两种情况，追问内容涉及时间、地点、人物等简单信息的辅助式提问属于封闭式提问，而涉及"为什么"或"怎么办"之类复杂信息的辅助式提问就是开放式提问。这两种情况出现的概率大体相当。

（三）提问开放度类型的等级分布

不同开放度的提问话语在初、中、高三个等级考试中的频次分布情况见表3-3。

表3-3 提问开放度类型的数量分布（n=60）

提问开放度类型	初级		中级		高级	
	总数（次）	比例（%）	总数（次）	比例（%）	总数（次）	比例（%）
封闭式提问	398	62.68	349	57.69	339	58.45
开放式提问	237	37.32	256	42.31	241	41.55
总计	635	100	605	100	580	100

可以看出，在各等级考试中，封闭式提问都占有较大的比例。特别是在初级水平考试中，封闭式提问几乎是开放式提问的2倍；而在中高级水平考试中，开放式提问的比例比较接近封闭式提问的比例。这一方面可能说明，每场口语考试的核心式提问数量有限，因此开放度高的提问也不可能有太多，面试官更多时候都在使用开放度较低的提问，或是为引出开放式提问做铺垫，或是就开放式提问进行补充追问。另一方面也可能说明，面试官提问的效率较低，因为理论上来说，开放式提问越多，应试者成段表达的机会也越多，如果大多数时候面试官都在进行封闭式提问，那么引导出的应试者话语就会受限。尽管表面看来营造了平等自然的"攀谈"式结构，但是忽略了测试旨在用有限时间引导出尽可能多的成段话语这一根本目标。

比较两类提问在各个等级中的分布情况，从数据上看差异不大。中高级考试中，开放式提问所占比例略高于在初级考试中的占比，封闭式提问的占比则略低于在初级考试中的比例。原因可能还是中高级应试者具备一定的成段表达能力，面试官无须将开放式提问分解成若干个封闭式提问，也无须对应试者的回答不断补充追问。

我们对两类提问在三个等级中的分布差异性进行了单因素方差分析，检验结果如下：封闭式提问 F（2,57）=0.000，P=1.000；开放式提问 F（2,57）=0.000，P=1.000。这一统计结果表明，两类提问在三个等级的分布并无显著性差异，不同等级考试在提问话语的开放度选择上不带有显著的倾向性。

四、小结

本节从形式、功能和开放度三个方面归纳了面试官提问话语的类型，并统计了各类提问话语在初、中、高三个等级考试中的数量分布情况。数据分析表明，在 C- 口语面试各个等级水平的考试场次中，面试官较多地使用特殊式提问、是非式提问、辅助式提问和封闭式提问。随着应试者语言水平的提高，陈述式提问、核心式提问和开放式提问的使用频次有所增加，但是这种差异并不具有统计学上的显著意义。由于这类提问对复杂认知和抽象逻辑思维的能力要求较高，能够促使应试者进行抽象思考和成段表达，而中高级应试者基本具备了成段表达和抽象议论的能力，因此，在有限时间内增加这种与应试者语言水平相匹配的提问方式，有望充分调动中高级应试者输出足量的话语样本，得到符合实际水平的等级认定。今后，面试官应提升对中高级水平应试者的提问效力，以提高口语测试的效度。

第四节 提问话语对应试者话语的影响

为了考查面试官提问话语的效力，本研究采取了计算应试者话语输出量的方法，考查不同类型的提问话语引导出的应试者话语量。因为在 C- 口语面试中，面试官选择和设计提问话语的根本目的就是在有限时间内引导应试者输出尽可能多的话语，作为评定其语言水平的最佳样本，因此应试者话语输出量理应成为评估面试官提问话语效力的重要依据。由于一般情况下一个汉字记录着一个音节（黄伯荣、廖序东，2002：254），为此本研究以转写语料中的字数为单位（单位：字）来统计应试者话语量，其中儿化不在计算范围内。为了统计方便，我们以书面语为准，剔除了应试者话语中的英语词汇、停顿、沉默、重复、修正、无意义的语气词、"这个" "那个" 等话语标记及听不清的话语，另外，将外文缩略词（如 SK）算作一个汉字。下文将分别统计各类提问话语对应试者话语输出量的影响。

一、提问话语形式对应试者话语量的影响

不同形式的提问话语对应试者话语输出量的影响情况见表 3-4。

表3-4　提问话语形式对应试者话语量的影响（n=60）

提问话语形式		初级		中级		高级	
		总数（字）	平均数（字）	总数（字）	平均数（字）	总数（字）	平均数（字）
疑问式提问	是非式提问	3387	17.73	4334	26.59	5279	31.61
	选择式提问	1284	32.10	1912	49.03	1044	65.25
	正反式提问	1132	19.52	1890	32.59	2095	36.12
	特殊-正反式提问	1252	56.91	2447	97.88	3648	158.61
	特殊式提问	7546	33.69	12598	54.54	18519	88.61
陈述式提问		1176	30.95	1360	36.76	1883	31.92
祈使式提问		2963	54.87	4385	93.30	5655	134.64
其他类提问		230	28.75	198	39.60	112	18.67

　　表中的"总数"指应试者在该类提问下的话语输出总量，"平均数"指该类提问下每位应试者输出的平均话语量。可以看出，初、中、高各等级的应试者在特殊 - 正反式提问和祈使式提问下平均输出的话语量最多，这两类提问都属于开放式提问，有利于应试者自由表达。其次是在特殊式提问和选择式提问下，应试者输出的平均话语量也比较多。前文研究表明，特殊式提问包含简单特殊式和复杂特殊式两种提问方式，前者属于封闭式提问，后者属于开放式提问，两相综合后其引导出的平均话语量居中；而选择式提问虽然属于封闭式提问，但对于一些询问看法或态度的选择式提问，应试者在表明态度之后往往还会说明原因，特别是中高级水平的应试者，因此该类提问也引导出较多的话语输出量。在各等级考试中应试者平均输出话语量较少的提问类型当属是非式提问、正反式提问、其他类提问和陈述式提问，其中是非式提问和正反式提问属于封闭式提问，应试者可以简单回答；其他类提问和陈述类提问都是既可能作为开放式提问又可能作为封闭式提问，发问的语气较弱，对应试者的话语输出量不做硬性要求。综上所述，各类提问形式所引导出的应试者话语量多寡，与提问话语的开放度有一定关系，我们将在下文继续验证提问话语开放度对应试者话语量的影响。

　　比较不同提问话语形式下应试者话语输出量在各等级考试中的分布情况，可以看出应试者等级越高，在各类提问下输出的平均话语量越多。道理很明显，应试者语言水平越高，用汉语进行成段表达的能力越强，应试者话语量也随之增加。单因素方差分析结果显示[①]，祈使式提问、特殊式提问和特殊 - 正反式提问在三个等级中所引出的应试者话语量有显著差异，应试者等级越高，这三类提问话语所引导出的应试者话语量越多。而其他各类提问话语在三个等级中所引出的应试者话语量均

①　单因素方差分析结果：是非式提问中 $F_{(2,57)}=2.802$，$P=0.069$；选择式提问中 $F_{(2,57)}=0.242$，$P=0.786$；正反式提问中 $F_{(2,57)}=2.502$，$P=0.091$；特殊 - 正反式提问中 $F_{(2,57)}=3.934$，$P=0.025$；特殊式提问中 $F_{(2,57)}=12.569$，$P=0.000$；陈述式提问中 $F_{(2,57)}=0.592$，$P=0.557$；祈使式提问中 $F_{(2,57)}=8.812$，$P=0.000$；其他类提问中 $F_{(2,57)}=0.426$，$P=0.655$。

无显著差异。由此给我们启示，当面对中高级应试者时，可以多使用祈使式提问、特殊式提问和特殊 - 正反式提问。前文已述，这三类提问话语的开放度较高，对回答的限制较少，语言水平越高的应试者在这些提问类型下越容易自由、充分表达，而初级水平应试者因受语言能力所限，即使提问的开放度高，也很难引导出成段的表达。

二、提问话语功能对应试者话语量的影响

不同功能的提问话语对应试者话语输出量的影响情况见表 3-5。

表3-5　提问话语功能对应试者话语量的影响（n=60）

提问话语功能	初级		中级		高级	
	总数（字）	平均数（字）	总数（字）	平均数（字）	总数（字）	平均数（字）
核心式提问	9661	51.39	13918	79.08	21691	120.51
辅助式提问	9309	20.83	15206	35.45	16544	41.36

可以看出，各级应试者都在核心式提问下输出的平均话语量更多，是辅助式提问下应答语平均话语量的 2 倍以上。核心式提问一般都是开放式提问，承担着测试主旨任务，该提问引导出较大话语量是必然要求。数据还表明，在这两类提问中，随着应试者水平的提升，两类提问下的平均话语量也明显增多。

单因素方差分析结果显示①：各级应试者输出的平均话语量在核心式提问和辅助式提问下均有显著性差异。这也充分证明了初、中、高不同等级应试者在成段表达能力上具有明显的差别，从而导致话语输出量的显著不同。

三、提问话语开放度对应试者话语量的影响

不同开放度的提问话语对应试者话语输出量的影响情况见表 3-6。

---

① 单因素方差分析结果：核心式提问中 $F_{(2,57)}=11.303$，$P=0.000$；辅助式提问中 $F_{(2,57)}=8.974$，$P=0.000$。

表3-6　提问话语开放度对应试者话语量的影响（n=60）

提问话语开放度	初级		中级		高级	
	总数（字）	平均数（字）	总数（字）	平均数（字）	总数（字）	平均数（字）
封闭式提问	7497	26.74	5576	34.62	9332	46.14
开放式提问	11473	48.41	13548	76.36	28903	119.93

可以看出，各级应试者都在开放式提问下输出的平均话语量更多，在封闭式提问下输出的平均话语量较少，道理不言而喻。同时，随着应试者等级的提高，应试者在各类提问下的平均话语量也随之增多。

单因素方差分析结果显示[①]：各级应试者输出的平均话语量在开放式提问下有显著性差异，在封闭式提问下没有显著性差异。C-口语面试的等级评价标准规定，不具备成段表达能力的视为初级水平，具备成段描述和叙述能力的视为中级水平，具备成段议论和辩论能力的视为高级水平，可见不同等级的成段表达能力存在显著级差。开放式提问对应试者的回答限制小，语言水平越高越能得到自由的施展和充分的表达，为此不同等级的应试者在开放式提问的引发下话语输出量呈现显著差别；而封闭式提问对应试者的回答限制大，语言水平高的应试者在此类提问下难以充分施展，为此不同等级的应试者话语输出量没有明显差异。这也再次验证了表3-4的研究结果，即祈使式提问、特殊式提问和特殊-正反式提问等开放度高的提问，对不同等级应试者可以引发出具有显著差异的话语输出量。为此，我们可以有把握地认为，开放度高的提问具有高区分度，能够更准确地鉴别语言水平的高低，增强提问效力，在面对中高级水平的应试者时，面试官应适当增加开放式提问话语的比重，使"摸底"和"探顶"快捷有效。

---

① 单因素方差分析结果：封闭式提问中 F（2,57）=3.647，P=0.155；开放式提问中 F（2,57）=11.844，P=0.000。

第五节　应试者话语对提问话语的影响

在课堂教学中，教师为了使学生习得知识并刺激学生思考，师生互动时需要根据学生的回答选用不同的提问策略，"师生互动能力的提高取决于教师的提问能力"（靳洪刚，2004）。Richards 等（2002）指出，提问策略是教师提问时使用的各种技巧或者各类提问形式。胡青球等（2004）总结了教师提问的六种策略：追问（probing）、链接（chaining）、重复（repetition）、简化（simplification）、重新措辞（rephrasing）和分解问题（decomposition）。有的学者（Perrott，1982：62）还加入了提示（prompting）这一策略。杨雪艳（2007）根据Halliday（1978、2004）的系统功能语言学理论，将教师提问策略分为三类：人际策略，包括请求判断、请告知想法和卷入说话人；逻辑策略，包括请分析事实、说明性重问、举例、替换、说明、解释、添加、强化和投射，其中前四个又有人际策略的成分；谋篇策略，包括重复问题和建立词汇链。面试型口语考试与课堂教学有相似之处，面试官和教师都是调控者，应试者和学生都是受控者，面试互动的过程需要面试官随时调动提问策略。虽然面试官提问话语在形式和内容上制约着应试者的回答，但是应试者的回答也限制了面试官下一个提问话语的发出。聂丹（2005）特别强调过先前答语对提问话语生成的影响，讨论了非完成型意义、非标准完成型意义、标准完成型意义三类答语对后续问语的制约作用。受此启发，本节将着重分析面试官如何根据应试者回答来选用后续提问话语。根据对语料的观察，我们把应试者的回答分为五种情况，即没有回答、回答不相关、相关不充分、相关且充分和信息量过度。结合 C- 口语面试的测试目标，我们逐一探讨面试官针对不同应答语的提问策略。

一、没有回答

在面试官提出问题后，应试者的回答有时会出现下列情况：要求面试官再重复一遍，只是重复面试官的某个词语或某句话，支支吾吾说不下去，保持较长时间的停顿或沉默，直接回答不知道，委婉拒绝回答……上述几种情况都可以视为应试者没有回答面试官的提问。

朱晓亚（1995、1996）在研究答句的语义类型时，将"答话人不愿对问句做出回答，或没有能力做出回答"的情况称为"非常规性答句"，又将非常规性答句分为两类：一类是"听话人不遵守合作原则，不愿意为问话人提供信息"；另一类则是"听话人虽然愿意，但是不能够为问话人提供对方需要的信息"。尹世超（2004）将没有回答的情况称为"无可奉告否定答句"，并称这种答句否定的是"问句的语用预设"，即"问话人有理由相信对方知道这个信息""问话人有理由相信对方愿意提供这个信息"或"双方能听清楚、听明白互相之间说的话"（廖秋忠，1992），这种答句"表示答话人无力或无意回答对方的问题，使用'不知道''不清楚''我怎么知道'或'无可奉告''我不能回答这个问题''什么''我没听明白''我听不清楚'等词语的否定答句"（尹世超，2004）。郑远汉（2003）把真实会话中"问而不答"的情况称为"零答对"，并在客观和主观上给出了解释：客观上，主要是因为临时有别的话或者被别人说的话打断或岔开了；主观上，答对者认为不必作答或者不愿、不便作答。

综上所述，"没有回答"在日常会话中主要有三方面原因：一是没有能力回答，二是不愿或不便回答，三是被打断或被岔开。而在 C- 口语面试中，会话在主面试官和应试者之间进行，应试者回答一般不存在被第三者打断的情况；应试者了解考试要求和规则，一般都会主动作答，而不会拒绝回答，除非被问到敏感问题；面试官上岗前都经过培训，其中不询问个人隐私和敏感类话题是重要原则，面试官一般不会犯忌[①]。那么应试者"没有回答"最可能的原因就是没有能力回答，即受限于语言水平或认知水平等没有理解面试官提问，或者虽然理解了但是

---

① 但也不排除面试中出现应试者不愿回答的情况，如例 2.35。这种情况可能是面试官缺乏跨文化交际经验，不了解陌生文化的禁忌，但更多的可能是应试者特殊经历决定其对某些普适性话题存在抵触心理。

不知怎么表达。当遇到应试者"没有能力回答"时，面试官通常需要做的是话语修正，从语言形式和信息内容等方面入手，进行可理解输入调整，具体策略在第五章会专门探讨，此不赘述。

二、回答不相关

应试者受语言水平、理解能力或思维能力等方面的限制，在回答面试官提问时，有时会偏离问题，答非所问。语料分析发现，面对这种情况，面试官有以下三种表现。

（一）放任迁就

根据"礼貌原则"(Leech, 1983)，有的面试官没有采取打断的做法，而是容忍了应试者的跑题，让应试者把话说完，然后再视情况继续回到原来的问题或者转换问题。

例 3.21：

面试官：一般看电视啊，为什么？你觉得去现场看好还是在家看电视，说一说它们两个的这个 \\ 比较 \\ 一下。

应试者：\\ 我、\\ 我乐意去奥运会时、奥运会时、奥运会的时候，我想看这个的足球比赛，但是没有票，还有是这个，这个的、这个的罢、罢票，义票，不是正式的票、票，就是别人是二手票，二手票买的时候很贵，嗯，但是我：奥运会的时候去秦、秦皇岛……。

面试官：你觉得去现场看这个比赛，有什么好处？

面试官提出的是现场看足球和电视看足球孰优孰劣的问题，使用的是选择式提问，应试者回答的却是买二手票去秦皇岛的一段经历，可谓离题甚远。但面试官没有打断，而是听任其讲述完，然后使用特殊式提问又重新回到这个问题。我们知道，面试官提问的核心目的是引导应试者输出足量话语以供评分，应试者说的内容是否切题并非最重要的因素。但是面试官不同类型的提问预示着不同难度的应答任务，比如该例中面试官的提问是让应试者完成对比和评介的议论性任务，而应试者换成了讲述一段经历的叙述性任务，任务难度降低了，失去了测评中高级水平的效力。为此，面对应试者的跑题，面试官一味迁就的做法值得商榷。

（二）直接打断

有的面试官采取直接打断的做法，把应试者拉回到既定问题上。面试官或是重复、重申之前所提的问题，或是重新组织提问话语，使疑点更为突出，提醒应试者注意。

例 3.22：

面试官：那你觉得对你来说学～汉语最大的用处是什么？你每天学的。

应试者：啊：：现在，没有，因为我：我就很忙，但是，我：汉语说得不好，但是 - 我、我有的三个同事的、的、的中国同事，嗯：：但 - 我：我会说英文……我们一起都学说汉语，但是的，的、我吃饭的时候，我说汉语，的……

面试官：我的问题是，嗯：你学习汉语最大的用处是什么？

应试者：我学了最有用的地方在，点、点菜的时候，在饭馆点菜……

当面试官听出应试者未就疑点作答之后，没等应试者说完就直接打断，用"我的问题是"否定了应试者的回答，重申了先前所提问题。

例 3.23：

面试官：（笑）那么你旅游过那么多的地方，啊：：花了那么长的时间，你肯定体会到了旅游带给你的快乐，但是也有很多你不喜欢的地方，旅游让你觉得不方便的地方，你能不能说一下。

应试者：嗯：：不、不方便的地方是，一般的（没过就）（1.0）欧洲，因为，嗯，（西洋人、西洋人），他有，嗯，一点，自、自尊心……

面试官：不是，我是想知道旅游带给你的一些负面的影响，比如说
　　　　要花很多钱，还有什么什么让你觉得旅游有不好的地方，
　　　　有吗－不方便的地方？

应试者：不方便的地方，是，（2.0）嗯：……

对于应试者的"跑题"，面试官未做迁就，而是立即打断，用"不
是"直接否定了应试者的回答，然后重新组织提问话语，变换部分词
语，强调提问疑点，并举例对回答内容稍做提示，从而降低了问题难
度，引导应试者做出相关回答。

应该说，上述直接打断的做法有利于控制时间、控制话题、高效推
进测试任务，但是有违"礼貌原则"，容易伤及应试者面子，破坏自然
平等的会话氛围。

（三）伺机引导

有的面试官既没有当即打断，也没有听之任之，而是等到"话轮转
换关联位置（TRP）"时礼貌插话，或是等到应试者完成语义相对完整
的一段话之后再巧妙介入，将应试者引回既定的问题上。

例 3.24：

面试官：一年。那你工作之余有的时候出去度假，有过这样的经历吗？

应试者：额：出国（……）经历

面试官：＝度假

应试者：但是但是我们韩国-我-韩国公司（0.0）叫我们几位-职位，
　　　　就是 manager-管管管理者的意思，manager，英文……

面试官：你有没有过休假（0.0）这样的经历？在中国有没有休
　　　　假？度假，出去度假，比如说出去十五天？一个月？可以
　　　　自己出去玩一玩？有过这样的情况吗？

应试者：啊对，我、我去年（0.0）夏天（0.0）去青岛。

对应试者的语无伦次和答非所问，面试官没有马上打断，而是等到
应试者完成语义相对完整的一句话之后，在 TRP 位置开始插话，重新

调整了先前问题，运用替换词语、举例子等策略使其被应试者理解，从而引导应试者提供了相关信息。

C- 口语面试中面试官提问的主要目的是尽量刺激应试者大量输出话语，以评判应试者的汉语水平。因此，在这种特殊的会话中，并不十分强调应试者的话语是否符合 Grice（1975）"合作原则"中的"质"准则和"关系"准则，应试者话语输出"量"的多少是面试官更为关注的问题，也是评分的重点。但与此同时，不同类型的提问代表着不同难度的任务类型，应试者偏离了问题可能意味着降低了任务难度，那么即使达到了"量"的要求，却有可能是在低层级的"量"上重复，没有达到更高层级的要求。因此，对于应试者的答非所问也不宜放任自流。综合而言，放任迁就和直接打断的做法都不可取，前者违背了测试意图，后者违背了礼貌原则，而伺机引导的做法比较折中，更为策略。

三、相关不充分

朱晓亚（1995）把"信息量没有达到问句所要求的信息量，但也提供了一部分信息"的答句称为"减量答"。在 C- 口语面试中，很多时候应试者的话语输出量都比较少，信息相关，但不够充分。对于这种情况，面试官主要有以下应对做法。

（一）继续追问

当应试者的回答不充分时，有的面试官会聚焦原提问疑点中的某一部分继续追问。追问就是为了引导出"更充分更完整的回答"（Hunkins，1995：211-212），引导听话者进行更深更广的思考，从而让听话者产生更多的语言输出（胡青球等，2004）。

在例 3.15 和例 3.16 中，应试者对于核心式提问的回答都是相关但不充分的，面试官对此没有放弃，而是继续使用辅助式提问进行追问，明确疑点或缩小疑点范围，使应试者的回答有的放矢。

一般来说，引起相关不充分回答的提问都是开放式提问，也常常是核心式提问。因为开放式提问对回答的限制少，应试者有时理不清头绪，难以充分回答，所以需要面试官进一步引导作答。同时，核心式提问担负着重要的测试任务，提出后应充分发挥效能，尽可能引导出足量的答语，继续追问就有望使核心式提问的功用得以施展。

至于追问的方式，从开放度来看，以开放式提问进行追问的居多，目的是让应试者成段表达；但也不乏用封闭式提问进行追问的例子，比如让应试者做自我介绍时，应试者往往提供的信息量很少，这时很多面试官常使用封闭式提问对应试者的基本信息进行追问。

例 3.25：

面试官：欢迎你参加今天的口语考试，啊，请你先做一个简单的自我介绍。

应试者：我叫×××，嗯：在我的×××公司里面，我做，嗯：营销部门，工作。\\负责\\嗯，营销，部门。

面试官：嗯，你在哪儿学习的汉语？

应试者：我：（1.0）啊，在，来中国之前我，啊，一句话都没有学习……

面试官针对应试者的基本情况选用封闭式提问进行了追问，引导应试者讲述了自己学汉语的经历，从而增加了应试者的话语输出量。

另外，从形式来看，以疑问式提问进行追问的居多，各类疑问形式都有分布。但在中高级考试中，选用陈述式提问进行追问的也有一定比例。面试官针对应试者回答的内容，做出某种推测或评价，以陈述式方式提出自己的判断或观点，引导应试者给予回应。例 3.19 和例 3.20 都是面试官以陈述式提问的方式进行追问，对应试者的回答或是推测或是评价，引导应试者进一步阐释或反驳。再如：

例 3.26：

应试者：……（省略）

面试官：将来当哲、将来做哲学家。

应试者：嗯。我看，我是看这个，（吸气）哲学家，什么，一般的是在公司工作的员工他们看的书；有的是几-很多人喜欢，

我还（……）还有啊（……）什么（吸气）这个是以前看
的，这个是，但是我想，把我的人生丰富一点，所以，这
样的书呢，我是常看的，这个也有用，它是工作方面有用
的事，但是我觉得哲学这方面的事对我的人生方面有用
的，所以就是现在我重视人生生活这些，所以呢这些书
（……）

面试官从应试者上一轮回答中顺势得出一个推断，应试者认同了这
一推断，并就此进行大段说明。

事实上，陈述式提问一般不出现在初始话轮中，往往也是作为后续
追问的话语出现的。前文已述，陈述式提问具有日常攀谈的性质，可以
减少测试的紧张气氛，增强会话的对等性和互动性。为此，采用这一方
式进行追问，可以弱化追问的咄咄逼人感，缩小问答双方的距离，不经
意间激发应试者的表达欲，自然输出大量话语。我们认为这是一种值得
鼓励的追问方式，特别是在中高级水平的考试中，建议面试官多采用这
一提问策略。

（二）不予追问

有时候，面试官放过了应试者相关不充分的回答，直接进入下一任
务或话题。

例 3.27：

面试官：那么现在就是：有很多：：人就是没有时间就：很少在
家里做饭啊，总是买那些什么快餐食品啊，嗯，半成品
啊，回家就简单地做一下，嗯：：你说这种情况对我们
的这个身体健康，对这个社会发展等等各个方面有些什么
好处和坏处？

应试者：如果我，如果没有的时间的话，我、我经常（1.0）方便
饭店，方便菜，方便菜，但是（3.0）对我的身体，考虑
到我的身体的话，不：不好，外边的食堂不好，因为，外
边的菜有很多不干净，嗯，还有不好的治、治疗，不好的

> 治疗，如果我：觉得有时间有，环境的话，在家里做饭是
> 最好。
>
> **面试官：** 好，谢谢你参加今天的考试。

面试官询问的是快餐对个人健康和社会发展等方面的影响，这是
一个开放性的议论性任务，应试者只回答了对个人健康的影响，很不充
分。对此面试官没有追问，而是宣布结束考试。究其原因，应该是考试
结束时间已到，只好终止会话。这说明面试官没有统筹好时间，在面试
快结束时应该进入结束阶段，而不应再发起一个开放式提问，而且从该
应试者的语言表达来看，应是初级水平，很难在短时间内回答这样一个
难度较大的问题。由于面试官的随意发问导致该场面试没有经历告别前
序列的过渡，直接草草收场。

例 3.28：

面试官： 有没有什么不满意的地方？

应试者： 不满意，不好吃。

面试官： 不好吃。（5.0）那么，嗯，你现在在、在公司里做什么工
作？

应试者： 现在我在公司里那个，嗯，我准备那个，啊，啊，明年的
那个战略，战略。

面试官引导应试者对快餐进行负面评价，应试者的回答相关却不充
分。面试官没有再行追问，而是直接转到另外一个话题。这一转换由于
没有任何过渡，显得突兀。面试官应该就应试者所说的"不好吃"适当
追问，比如"怎么不好吃？""不好吃怎么办？""不好吃为什么还有那
么多人去吃？"等，使先前提问得到延展，充分发挥每一次核心式提问
的效力。即使想转换话题，也应该通过自然衔接过渡到新话题上。

四、相关且充分

朱晓亚（1995）、郑远汉（2003）从"量"的角度划分应答语，将

"提供给疑问点的信息量同疑问点要求的信息量完全对等，不多也不少"的应答语称为"等量答"。等量答就是相关且充分的回答，是符合会话"合作原则"的最佳回答。在 C- 口语面试中，当面试官的提问得到应试者等量的回答后，意味着该提问达成目标，但是考试并未结束，对话还需继续。聂丹（2005）指出："对于一个特定发话意向的问语来说，其答语完成，且合乎标准，在该意向上一般就无须后续问语了。但对话是相互启发、激励的互动交流过程，往往一个意向又推动另一个意向的产生，因此，答语合乎标准完成，只意味着在该意向上问话可以结束，却并不意味着言语进程的必然终结。比较来说，由非标准完成型意义的答语产生的后续问语，其意向一般是前指，也就是说是原意向问语的重申和延续；而由标准完成型意义的答语产生的后续问语，其意向则一般是后指，也就是说代表一个新的意句。"那么，在面试官的一个提问意向得到充分完成之后，面试官如何生成后续提问话语，以开启下一轮引发任务？根据语料分析，有下列做法。

（一）**逻辑延展**

聂丹（2005）分析了在标准完成型意义的答语之后所产生的后续问语，发现有规律可循，即后续问语的意向与答语有所关联。其中最常见的一种情况是，"后续问语合乎逻辑上的演绎、归纳、对比、因果等规律，从一般问及个别，从个别问及一般，从正面问及反面，求因寻果、追究事件前后，等等"。也就是说，后续问语在应答语基础上进行延展，后续问语的意向与应答语的内容具有逻辑关联。在 C- 口语面试中，不乏此类追问。

例 3.29：

面试官：好，那么我们知道在体育比赛中都有裁判，那么你认为这个裁判在这个体育比赛当中他的作用是什么？

应试者：他的作用是：跟这个：交通的一个警察交通警察一样，他是主要（0.0）为了这个（0.0）公正的竞争公正的比赛，但是他不妨碍整个赛场这个这个流流通，比如说有的人说呢他公正，但是他是这个不重要的时候打断这个比赛，……

面试官：所以你觉得裁判的作用就是保持这个比赛公平的竞争，你才能够（0.0）完整地开展，那裁判员也是人，他肯定在这个（1.0）工作中啊特别是在比赛中会（0.0）出现一些错误，那么作为运动员啊（0.0）不管是从比赛的规则或者体育道德来说，包括人的习惯应该服从裁判，那么对裁判所犯的这个错误，作为一个运动员，他应该（0.0）怎么去做？

应试者：这个是（0.0）他这个如果他这个裁判是不是故意来一个做一个错误的话。这也是一个比赛的一个（0.0）一部分，有些的时候，……

面试官的首发提问是询问"裁判的作用"，应试者的回答是"为了比赛公正"，回答相关且信息充分，意味着首发提问得到了理想的应答。但面试官并没有转换话题，而是在应答语基础上提出具有相关意向的问题，即"裁判出错运动员怎么做"，既是对应试者的自然回应，又对"裁判公正"提出不同意见，即"裁判也有不公正的时候"，引导话题向纵深发展，引发应试者继续思考，深入作答。这种基于逻辑关联的后续提问话语很好地拓展了原有话题，增加了话题讨论的延续性、层次性和深刻性，使同类话题所生成的任务类型更加多样，能力范围的考查更为全面。

（二）细节追究

除了逻辑延展之外，聂丹（2005）还提到了另外一种后续问语，即"后续问语及时追问事件要素（时间、地点、姓名、数量等），尤其追问情态心理等细微情节，可以引导答语真实反映事件全貌和表现细腻的情感世界"。也就是说，后续问语抓住应答语中的某一点，追问细微之处，引发细节描述。由于聂丹（2005）的研究对象是访谈节目中的主持人提问话语，访谈对象是母语者，访谈意图是引导出具有深刻社会意义的事件、唤起深刻思考或情感共鸣，所以主持人在提问中特别关注细微事件的挖掘和内在情感的激发。但在 C- 口语面试中，测试主旨主要是刺激应试者成段表达，并不刻意强调言谈的主题、情感和社会意义等因素，所以关于细腻的心理情感方面的追问并不多见，更多的还是追问时间、地点、人物、场面等具体信息。多是简单特殊式等提问话语，应答的难度一般小于逻辑延展类的后续问语。

例 3.30:

面试官：嗯，好，这个在现在的社会里，嗯，人们有各种各样的机会，啊，比如说这个职位的提升，比如说加薪，啊，但是这个机会并不是人人均等的，所以有的时候同事之间就可能出现一些竞争，啊，嗯，所以有人说同行是冤家，我不知道你听到过这样的说法没有，那么你对这个有什么看法？

应试者：因为在：：在公司里面，嗯，同事之间竞争是必要的，不过竞争是不是不要那个太恶劣，嗯，要好多方向竞争的话，对公司也好……

面试官：假如说，嗯，你 - 跟你竞争的这个同事是你的朋友，很好的朋友，那你觉得这个会不会影响到你们之间的关系？

面试官询问应试者对"同行是冤家"这一说法的评价，应试者做出充分回答后，面试官又做了一个合理的假设，继续追问应试者在具体情境中的心理感受，引导应试者将话题不断深入。像这种追问内在心理情感的后续问语对于第二语言学习者来说还是有一定回答难度的，初级学习者很难做出细致的表述，因而很容易看出初级与中高级学习者的差距，是一个具有高区分度的提问意向。

（三）另起炉灶

当面试官的提问得到充分回答之后，有的面试官不是在应试者答语基础上生成后续提问话语，而是另起炉灶，开启与前一话题毫无关系的新一轮提问。

例 3.31：

面试官：我们觉得是这样的啊。那么你觉得在工作中间这个良好的
沟通能力和这个专业技术水平相比较哪一个更重要啊？

应试者：我觉得还是这个工作专门的技术。

面试官：哦，你还是更看重技术。请问你业余时间一般做什么？

对于面试官的提问，应试者虽然做出了充分回答，但是还可以继续深入追问原因。选择式提问表面上看来是让听话人做出选择即可，但通常情况下还希望听话人说明选择的理由。所以，虽然应试者的回答看上去是等量回答，但关于选择的原因其实是更有价值的信息，面试官应该继续追问这一信息，而不是另起话题。此外，即使转换话题也应设法自然过渡，尽量避免生硬转换。有的面试官以"下面我们换一个话题"作为话题转换的过渡语，这种表述就显得过于直白，突显了测试情境与考官角色，违背模拟真实会话的测试理念。

五、信息量过度

在 C-口语面试中，有时候应试者充分回答出面试官提出的疑点后，又输出了其他多余信息，朱晓亚（1995）称此类回答为"增量答"，即"答句的信息量超出了问句对信息量的限度"。有的学者（孙希臣，1999）从会话衔接手段的角度，将回答相关不充分和信息量过度的情况称为"差别承接"。郑远汉（2003）将这两种情况合称为"非等量答对"。面对信息量过度的情况，面试官可以有以下做法。

（一）任由发挥

有的面试官对于应试者信息量过度的回答采取的是"不干预"态度，任由应试者自由发挥。直至应试者无话要说，面试官再继续发问。

例 3.32：

面试官：你自己喜欢旅行吗？

应试者：啊，这是，我很想这样的度假村，就是（2.0）嗯：：跟

　　　我的太太不一样……

面试官：到中国来以后你都去过哪些地方？

应试者：去啊：：：就是出差的时候，一般上海、深圳还有香港……

　　对于面试官的提问，应试者给予了充分回答，在说完自己喜欢旅行之后，又介绍了自己与太太不同的旅行观，进而谈起自己"妻管严"的处境，完全超出面试官的初始发问。但是面试官并未打断应试者，一直到应试者讲完，才又将应试者引导回当前的旅行话题上。

（二）发掘追问

　　有的面试官对应试者的增量回答也采取宽容态度，与此同时，他们从增量回答中积极寻找新的疑点进行追问，既紧扣应试者当前回答，又能有目的地传达适合难度的测试任务，刺激应试者进一步深入回答。

例 3.33：

面试官：你认为这个什么样的生活是最理想的？

应试者：（吸气）就是（2.0）最理想的，（4.0）有的时候我想的是……

面试官：那你都读哲学，嗯：：是、是什么方面，哪个、哪个国家的哲学？

应试者：这些我，本来大学的时候，是：：……

　　应试者在回答完关于"理想生活"的问题之后，又谈到读哲学书的经历，面试官抓住这一信息进行追问，巧妙转移了话题，并顺势完成测试任务类型的转变。

（三）直接打断

　　面试官对于应试者信息量过度的回答采取"零容忍"态度，一发现应试者将话题扯远，就进行干预、打断，将应试者的回答限定在可控范围内。不过，在我们的语料中，并没有发现面试官直接打断应试者的情况。

我们知道，C- 口语面试提问的主旨是刺激应试者输出大量话语，提问只不过是给应试者一个刺激物，只要能让应试者开口并大段说话即达到目的。为此，如果应试者对提问给予充分回答后又输出额外信息，面试官一般不会制止，而是尽量给应试者自由表达的机会。但是，为了在规定时间内完成考试，同时在有限时间内对应试者进行有效的"摸底"和"探顶"，面试官对应试者的这种"迁就"也只能是适度的，有时也会根据测试进程的需要而巧妙地打断应试者，有针对性地引导和控制应试者的话语走向。因此，直接打断和任由发挥的做法都不值得提倡。如果应试者在增量答的过程中自行提升了任务的难度层级，面试官对此可以不予干预，甚至可以鼓励应试者继续表达，从中完成"探顶"任务；而如果应试者的增量答只是在原有任务难度水平上的量的积累，甚至任务难度水平下降了，那么面试官应该巧妙干预，将应试者引至目标难度的问题上，从增量答中寻找新疑点进行发掘追问是可取的提问策略。

第六节　本章小结

一、主要结论

（一）面试官提问话语在此特指面试型口语考试中能够引起应试者口头回应的求取信息的话语，主要着眼于话语功能，而不限制话语形式。其基本作用可归为两点：一是作为测试的任务要素，求取信息，刺激大量话语输出；二是作为测试的情境因素，引导和控制谈话走向，营造自然互动的会话氛围。

（二）从语言形式角度出发，面试官提问话语可分为四类：疑问式提问、陈述式提问、祈使式提问和其他类提问。其中，疑问式提问根据形式和疑点的不同，又分为五小类：是非式提问、选择式提问、正反式提问、特殊式提问和特殊 - 正反式提问。其他类提问主要指期待语气的未完成句提问。数据显示，在各级考试中，疑问式提问出现率最高，其中，特殊式提问和是非式提问是使用最多的两种提问形式。陈述式提问在高级考试中的出现率明显高于初中级考试。统计检验表明，各类形式的提问在三个等级中的分布并无显著性差异。

（三）从功能角度出发，面试官提问话语可分为两类：核心式提问和辅助式提问。前者询问焦点信息；后者询问附加信息，为核心式提问做铺垫或进行补充追问。数据显示，在各级考试中，辅助式提问使用率均为最高。在高级考试中，核心式提问占比略高于在初中级考试中的占比，而辅助式提问则略低于在初中级考试中的占比。统计检验表明，两类功能的提问在三个等级中的分布并无显著性差异。

（四）从开放度上看，面试官提问话语可分为两类：开放式提问和封闭式提问。前者对回答的限制小，应试者回答的范围大；后者对回答的限制大，应试者回答的范围小。提问形式、功能与开放度之间存在密切关系：复杂特殊式提问、祈使式提问、特殊 - 正反式提问主要是开放式提问；是非式提问、选择式提问、正反式提问、简单特殊式提问主要是封闭式提问；陈述式提问、其他类提问既有开放式提问，又有封闭式提问；核心式提问主要是开放式提问；辅助式提问既有开放式提问，又有封闭式提问。数据显示，在各级考试中，封闭式提问的占比均为最高，在初级考试中尤其占绝对性优势。在中高级考试中，开放式提问占比略高于在初级考试中的占比，封闭式提问占比略低于在初级考试中的占比。统计检验表明，两类不同开放度的提问在三个等级中的分布并无显著性差异。

（五）不同类型的提问话语能够影响不同等级应试者的话语量。从提问形式来看，各级应试者均在特殊 - 正反式提问和祈使式提问下平均输出的话语量最多，其次是特殊式提问和选择式提问，而在是非式提问、正反式提问、其他类提问和陈述式提问下平均输出的话语量较少。统计检验表明，祈使式提问、特殊式提问和特殊 - 正反式提问在三个等级中所引出的应试者话语量有显著差异，应试者等级越高，这三类提问话语所引导出的应试者话语量越多，提问具有较高的区分度。而其他各类提问话语在三个等级中所引出的应试者话语量均无显著差异。从提问功能来看，各级应试者均在核心式提问下平均输出的话语量最多。同时，随着应试者水平的升高，两类提问下的平均话语量也明显增多。统计检验表明，各级应试者的话语平均输出量在核心式提问和辅助式提问下均有显著性差异。从提问开放度来看，各级应试者都在开放式提问下平均输出话语量最多。同时，随着应试者等级的提高，两类提问下的平均话语量也随之增多。统计检验表明，各级应试者的话语平均输出量在开放式提问下有显著性差异，而在封闭式提问下没有显著性差异。综上，我们认为，开放度高的提问具有高区分度，能够更准确地评估语言等级，增强提问效力。

（六）应试者的话语影响着面试官后续的提问话语。应试者的回答可分为五种情况，面试官针对不同情况可以有不同的应对策略。当没有回答时，一般是因为受语言或认知水平所限而"没有能力回答"，面试官通常需要进行话语修正。当回答不相关时，违背测试意图的放任迁就和违背礼貌原则的直接打断都不可取，而兼顾测试主旨与礼貌原则的伺机引导的做法更为策略。当回答相关不充分时，为充分发挥提问效能，刺激应试者深入思考和输出，继续追问是提倡的做法，在中高级水平考试中尤其建议用陈述式提问的形式进行追问；而不予追问的做法不宜提倡。当回答相关且充分时，基于逻辑延展的后续提问可以增加话题讨论的延续性和深刻性，基于细节追究的后续提问可以引发细致描述，挖掘内在感受；而生硬转换话题另起炉灶的做法有失自然。当回答信息量过度时，直接打断和任由发挥的做法都不提倡，面试官应视过度回答的质量决定是否干预。如果有助于面试官评估则鼓励应试者自由表达，如果无助于评估反而浪费时间则巧妙打断，从过度信息量中寻找新疑点进行发掘追问是可取之策。

二、应用启示

通过对 C- 口语面试中面试官提问话语的语料分析和综合研究，我们发现面试官提问存在一些问题，对此我们提出相应的建议。

（一）在提问形式上，面试官在各级考试中使用的提问形式不够均衡。比如，选择式、祈使式、特殊 - 三反式等提问形式在各级考试中都较少使用，特殊式提问占比较大。面试官应使用多样化的提问形式。初级考试可适当增加选择式、特殊 - 正反式和祈使式提问；中高级考试还可增加陈述式提问和其他类提问，以增强会话的互动性和自然感。面试官提问话语形式单一会使面试过程单调沉闷，增加应试者的紧张感和烦躁感。

（二）在提问功能上，各等级考试中辅助性提问的比例都大大高于核心式提问，即使在高级水平考试中，核心式提问的占比也不到辅助式提问的一半。核心式提问代表着测试主旨，担负着布置不同难度任务类型的责任，最有望刺激考生输出大量的有效话语，获取有价值的评估样本。核心式提问占比过少，可能表明面试官提问的效率不高，大部分时间都在进行辅助式提问，都在为核心式提问做准备，测试过程显得拖沓冗长。今后应该增加核心式提问的比重，特别是在中高级考试中，尽可能为应试者提出更多高质量的测试任务。

（三）在提问开放度上，各等级考试中的开放式提问都少于封闭式提问。在初级考试中，很多开放式提问的内容都是重复的，如果去掉重复的提问，开放式提问的数量就更少。由于初级水平应试者还不具备成段表达能力，所以可以适当减少开放式提问，或将开放式提问分解成若干相关的封闭式提问。但是对于已经具备成段表达能力的中高级应试者，面试官应该尽可能多地使用开放式提问，给应试者创造更多成段表达的机会，增加提问的效率。

（四）关于不同类型提问话语对应试者话语量的影响，面试官普遍还缺乏认识。比如，本研究表明，祈使式提问、特殊式提问和特殊 - 正反式提问的区分度高，有助于鉴别应试者的等级水平，但根据语料分析，面试官很少使用祈使式提问和特殊 - 正反式提问。研究还表明，各级应试者的话语量在开放式提问下有显著性差异，在封闭式提问下没有显著性差异，而各级考试的面试官使用最多的都是封闭式提问。为了有效鉴定语言等级，增强提问效力，今后应该有意识地选择不同类型的提问话语，特别是面对中高级应试者时，应该多使用开放度高的提问，以引发出具有显著差异的话语输出量。

（五）当面对应试者不同的回答情况时，面试官还需加强提问策略。

1. 没有回答。当出现因心理问题而不愿回答的情况时，一般是由于面试官的提问触及了应试者的敏感点，对此面试官应加强隐私意识，了解各国文化心理和跨文化交际知识，对过于敏感的应试者，尽量避免提及个人话题。当出现因能力问题而不能回答的情况时，有的面试官会帮助应试者作答，这种做法不应提倡。面试官应该了解能力障碍所在，重新调整提问话语，增加可理解输入，引导应试者独立回答。

2. 回答不相关。有的面试官采取直接打断的做法，有的采取迁就放任的做法，前者违背礼貌原则，后者可能会有损测试程序或测试意图。正确的策略是在应试者完成语义相对完整的一段话后，在话轮转换关联位置进行插话，引导应试者做出相关回答。

3. 相关不充分。有的面试官不予追问，浪费了一次提问。面试官应充分发挥每一次提问的效能，继续追问、启发，引导应试者深入思考，输出更多有分量的话语内容。针对中高级水平的应试者，建议多用陈述式提问的形式进行追问，弱化考试气氛，增强互动性和对话感。

4. 相关且充分。有很多面试官在这种情况下另起炉灶，直接转入下一个话题和问题，有的转换得还很生硬。为了增强会话的连贯性，使话题与问题之间的接续紧密自然，建议对相关且充分的回答进行后续提问，自然过渡到新的问题或话题。后续提问的方式可以关注逻辑发展，延展话题深度；可以关注细微情节，激发细腻表述。

5. 信息量过度。不提倡直接打断和任由发挥的做法，前一种做法在语料中没有出现，后一种做法则不乏其例。面试官应鉴别过度回答的信息质量，如果有助于测评则不必干预，如果无助于评估且浪费时间则应适时打断，可以从过度信息量中寻找新的疑点进行发掘追问。

第四章
面试官反馈话语研究

第一节 概 述

一、研究目标

IRF 模式由三个话步组成，即"引发（I）—应答（R）—附和（F）"，其中附和是对应答的一种反馈。刘虹（2004：52）指出，反馈（feedback）是会话交互过程中出现的一种现象，是"会话中听话者对说话者所说的话的反应形式"。反馈虽然形式简短，信息量不大，但在会话中却起着重要作用，如果听话者不对说话者做出任何反馈，那么说话者就不能确定对方是否在听，是否理解自己的话语，是否赞同自己的观点，这样整个会话就很难顺利进行下去。在 C- 口语面试中，面试官的反馈话语也起着同样作用。除此之外，由于 C- 口语面试是一种特殊的会话，因此反馈话语还起着引导和控制考试进程的双重作用。一方面，应试者通过接收面试官反馈话语可以及时了解自己在会话中的表现；另一方面，面试官也可以利用反馈话语来保持或者转移话题，从而达到测评目的。可以说，反馈话语与提问话语构成了面试官话语的核心内容，同样值得研究。本章围绕面试官反馈话语，主要研究以下几个问题：

1. C- 口语面试中的面试官反馈话语如何界定？

2. C-口语面试中的面试官反馈话语从不同角度划分包含哪些类型？

3. 各种反馈话语类型在面试中如何分布？

4. 反馈话语出现的语言环境具有什么特征？

5. 反馈话语的语用功能通过何种路径得以实现？

6. C- 口语面试的面试官反馈话语存在哪些问题？有何改进建议？

二、理论和研究综述

反馈不是某一语法现象，因为它不存在于静态语篇中，它只出现在两人以上的会话之中，因此要研究反馈就必须从会话入手，只有在那里我们才能了解它的本质。会话分析、语用学和第二语言教学等领域都从各自学科的视角对会话反馈现象进行过理论研究，学界对汉语日常会话和新闻访谈等机构谈话中的反馈现象也进行过应用研究，尽管相关成果并不多，但却给本研究提供了有益的借鉴。

（一）会话分析中的反馈研究

会话分析的学者们在研究会话结构时，发现了一些形式简短的言语形式在会话中获得了比传统语法所赋予的更多的意义，这其中就包括反馈。Heritage（1984：299-345）就曾专门撰文说明自己对"oh"这个小词在会话中所起作用的研究。文中指出，交际者往往会用"oh"这个小词来表明自己知识状态的变化。这种用法通常出现在"提问—回答"这样的序列之后，在回答者提供信息后提问者常常用"oh"来对回答者的话语做出回应，从而表示自己知识状态的改变。如下面这段对话：

例 4.1：

A: Have you anything planned tomorrow?

B: I will go to the library.

→ A: *Oh.*

在这段会话中，A 向 B 询问了明天要做什么，B 回答说要去图书馆，之后 A 用"oh"这个小词对 B 说的话做出回应，表示自己的知识状态从不知道 B 明天要做什么变成了知道 B 明天要做什么。Heritage（1984：299-345）对问答序列中"oh"的研究使人们认识到像"oh"这样的小词虽然在传统语法中没有什么具体意义，但是一旦出现在交际中，它就被赋予了表示听话者知识状态改变的意义，正是这一意义的存在使得交际得以顺利进行。

应该说，会话分析学派通过自己独特的视角对传统语言学和乔姆斯基转换生成语法所认为不值得细究的语言现象重新进行了审视，并取得一定收获。但是，会话分析学派将自己对反馈的研究局限在一个很狭隘的范围里，他们仅以会话的过程为着眼点将反馈视为会话中的非话轮成分，认为它仅仅表示了"我在听呢""我很感兴趣""你继续说吧""我同意你的看法""你说的跟我想的一样""你说的我以前不知道""原来这样"等意义；而且在语言形式上，反馈也仅仅只有"嗯""哦""啊""是吧"等有限的几种形式（刘虹，2004：53）。如下面这段会话：

例 4.2：
　　甲：我明天要去一趟中关村。
→乙：嗯。
　　甲：去买电脑。

在这段会话中，乙说的"嗯"就是对甲的话语做出的反应，形式简短，信息量少，表示"我在听呢""你继续说吧"等意义功能，鼓励对方把对话进行下去。

会话分析之所以将反馈的语言形式和语用功能都局限在如此小的范围内进行研究，是因为会话分析学者们在界定反馈时相当苛刻。这在下一节"反馈话语的界定"中再做介绍，此不赘述。

（二）语用学中的反馈研究

语用学研究者在界定反馈时大多继承了会话分析学派的苛刻做法。其实，我们不应该先给反馈信号定下一个抽象的范围，然后再去判断某一言语形式是否属于反馈，而是应该到真实具体的会话结构中去发现它们。Duncan（1973）就将听话者对说话者话语提出的疑问、反驳、评论和重复等都视为反馈。但他的做法并未得到大多数语用学研究者的支持，他们认为这种界定过于宽泛，某些被这种界定方式认可的反馈在他们看来已经可以构成一个话轮，不能算作反馈。本章研究赞同 Duncan（1973）对反馈界定的部分观点，比如他认为由听话人针对说话人话语所做出的"应答"（response）应该属于反馈，但本研究认为应该加上一条限制，即这种"应答"不能是相邻对子，不能是问答结构中的"应答"。

抛开对反馈的界定，语用学研究者们从多个层面对反馈进行了研究，这是对会话分析关于反馈研究的一大超越。Clancy 等（1996）对英语、日语和汉语会话中的反馈进行了研究，其研究重点在于各种语言会话中的反馈频率和分布。何安平（1998）对 London-Lund 口语语料库的一个分语料库进行了检索，得出 706 个反馈标志（feedback tokens）的分布，并对反馈的语言环境特征、语言机制、语言策略、语用功能及社会制约因素等进行了综合分析。刘静（2006）从英国国家语料库（British National Corpus）的口语分库中找出反馈标志，并将这些标志分为六个类型，认为这些反馈标志具有表达接触、理解、同意、赞成和让步的功能。除此之外，她还研究了社会语言学因素对反馈的影响。高艳（2008）对中文电视谈话节目中的支持性言语反馈进行了会话分析，重点研究了支持性言语反馈的形式、分布特点和语用功能，以及影响主持人或嘉宾做出支持性言语反馈的语境因素。

总的来说，语用学领域对反馈的研究主要着眼于反馈的语言特点、语用功能、分布及相关影响因素，包括语篇、会话参与者地位和性别等影响反馈的因素。由于反馈所赖以存在的会话类型不同，因此不同研究的结果也常有不同，但是上述研究的方法和思路等值得本研究参考。

（三）第二语言课堂的教师反馈研究

在第二语言教学领域，研究者从课堂师生互动中发现，教师的反馈往往是根据学生回答情况所做出的可理解性输入，而学生对该反馈的反应成为教师考查学生是否掌握知识的重要指标。第二语言教学领域关于教师反馈的研究在以下两方面做出了突破。

1. 引入了 IRF 课堂会话分析模式

这一模式的引入推翻了会话分析学派固守的反馈是以不夺取话语权为目的的观点。在第二语言习得领域中，为了更好地识别和指称教师反馈，研究者常常采用英国伯明翰学派的课堂会话分析模式来分析教师反馈。其中 IRF 模式是课堂中最为典型的话回，而教师引发、学生回答和教师反馈则分别是组成该话回的三个话步。在该模式里，教师反馈既完成了对学生回答的评价，又自然地接过话轮，继续控制课堂教学的走向。因此，这里的反馈并非要返还话轮，而是接过话轮的表现。

关于 IRF 模式的应用，辛斌和苗兴伟（1998：67-68）曾指出："这种分析模式适合于分析、描写比较正式的或仪式性的口语语篇，如戏剧、辩论、审判、采访。这些类型的话语有其共同之处，即话语活动参与者的某一方具有支配话语内容或进行方式的权力。他（们）甚至可以提前设计话语的进程，而其他参与者扮演被动角色，很少有机会进行主动的干预。"

在 C- 口语面试中，面试官扮演的正是会话引导者的角色，应试者则是在面试官引导下进行会话的，因此 IRF 模式同样可以用在 C- 口语面试研究中。下面是一段 C- 口语面试中的会话。

例 4.3：

   面试官：先告诉下你的名字。

   应试者：赵成敏。

→面试官：赵成敏是吧？（3.0）你来中国有多长时间了？

在这段会话中，我们将面试官说的"先告诉下你的名字"看作是一个向应试者提出任务的话步，应试者的回答"赵成敏"是第二个话步，面试官对应试者的回答做出的反馈"赵成敏是吧？"是第三个话步，这三个话步组合在一起，就构成了一个话回，其结构和第二语言教学课堂的 IRF 话回结构基本一致。而反馈之后的"你来中国有多长时间了？"

则属于面试官与应试者下一个互动话回中的提问话步。可见，第三个话步的反馈客观上接过了话轮，然后顺势开启了新一轮提问话步。

本章引入英国伯明翰学派的课堂会话分析模式来分析 C- 口语面试中出现的反馈话语，就可以打破会话分析和语用学普遍认为的反馈是以听话者客观上不索取话语权为前提的观点，从而扩大了反馈的研究范围。

2. 扩大了反馈的功能研究范围

由于是以语言习得为目的，因此第二语言教学领域在研究课堂师生互动中的教师反馈时，将反馈的功能扩大了，出现了其他领域很少研究的修正性反馈。这一点从 Lyster 和 Ranta（1997）关于外语课堂中教师修正性反馈的六大分类上可见一斑，这六种修正性反馈分别是：（1）显性纠错（explicit correction），即教师明确指出学生话语中出现了错误，并同时告诉其正确形式；（2）重述（recast），即教师通过直接说出正确的语言形式来委婉地告知学生话语中的错误；（3）澄清（clarification），即教师通过问学生"你说的什么？"来提醒学生会话中出现错误；（4）元语言反馈（metalinguistic feedback），即教师给出关于学生错误的元语言知识；（5）诱发（elicitation），即教师通过要求学生"请再说一遍"来诱发学生自己修正之前的错误；（6）重复（repetition），即教师重复学生的错误，一般用升调引起学生注意。其中后四类 Lyster 等（Lyster，1998；Lyster 和 Mori，2006）先后将其称为形式协商（negotiation of form）和提示（prompts）。

前文已述，C- 口语面试和第二语言教学课堂的师生互动有相似之处，即面试官和教师一样也是会话的引导者，而且面试官和应试者之间也存在母语者和二语者的互动关系。这就导致 C- 口语面试中的面试官反馈话语和第二语言教学课堂中的教师反馈之间存在一定联系。语料分析发现，在 C- 口语面试中，有少数反馈话语的功能就是针对应试者话语中的错误进行质疑或纠正，这种现象虽然在 C- 口语面试中并不提倡，但还是时有发生。由于 C- 口语面试的目的是测试应试者的汉语水平，而不是教授应试者语言知识，因此本研究所涉及的修正性反馈数量很少，种类也不像第二语言教学中那么多。

（四）汉语会话中反馈信号的研究

C- 口语面试中的反馈话语从哪些方面入手来分析和研究？吴平（2001）关于汉语会话中反馈信号的研究思路值得我们借鉴。

吴文将六份汉语会话录音材料按照 Du Bois 等人（Du Bois，1991；Du Bois 等，1993）的转写框架转写成书面材料，对其中出现的反馈信号进行了研究。吴文对反馈信号的界定主要有三个标准：（1）反馈信号是由会话中充当听话人角色的会话参与者所使用的；（2）反馈信号的形式一般是比较"简短"的；（3）反馈信号不包含新的实质性的命题内容（Allwood，1993；Allwood 等，1992）。根据第二条界定标准，认为"是""对"属于反馈项目，而"我同意你的观点""你说的对"等稍长一些的话语就不属于反馈项目。本研究认为对反馈的界定不应该受其形式的束缚，"我同意你的观点"只不过在形式上比"对"长了些，但它同样可以作为听话者对说话者话语做出的肯定性反馈，而且在语义表达上更加清晰。根据对反馈信号的界定，吴文从形式、功能和分布等方面对其进行了分类研究，并进一步研究了熟悉度、权势和性别这三种因素对反馈的影响。

在形式方面，吴文将反馈信号分为语气词、实词和重复。本研究不赞成将重复归为语言形式，它应该是一种表达方式。另外，吴文认为重复属于反馈项目，并且举例说明重复内容"意识到了"就是一例反馈项目。那么先前所说"你说的对"却因不够"简短"而被排除在反馈项目之外，这显然有自相矛盾之嫌。

在功能方面，吴文认为汉语会话中的反馈信号可分为三种基本类型，即表示收到、表示理解和表示态度。这三者是一个由低级到高级的序列，其中高级的语用功能可以包含低级的语用功能，而低级的语用功能却不能包含高级的语用功能。

在分布方面，吴文认为反馈信号可概括为三类：（1）出现在上一个语调单位结束时（简称"调位尾"）；（2）出现在上一个语调单位的中间或结束前（简称"调位中"）；（3）以上两类反馈信号如果后面紧接着出现反馈者的一个语调单位，就本身成为一个语调单位的起始部分（简称"调位首"）。由此可知，吴文也认同反馈之后是可以带新话题的，即听话者在做出反馈后不一定非得将话语权返还给说话者。

总体来说，吴文对反馈信号界定的三个标准，以及对反馈信号的语言形式、语用功能和分布三个层面的分析给本研究带来一定的启发。

（五）新闻访谈主持人反馈话语的研究

由于本研究所关注的反馈话语是由会话中具有控制权的一方，即面试官所发出的，因此这种反馈话语的作用就不仅仅是向听话者反馈信息了，同时它还应该具有引导会话进程的作用。徐丽欣（2008）利用普特听力网的权威转写版本，对 10 个美国新闻访谈节目主持人的支持性反馈话语进行了研究。该研究虽然不够详细，但是值得我们参考，因为它所研究的反馈恰恰也是由会话中具有控制权的主持人所发出的。

徐文指出："新闻访谈是一种特殊的会话方式，主持人是新闻访谈节目中的控制者，主持人的反馈话语对主持人如何巧妙地组织正常谈话，如何使嘉宾向观众传递更多的信息起着重要的作用。"可以说这一点和本研究非常相似。C- 口语面试也是一种特殊的会话方式，面试官在其中担任着控制者的角色，反馈话语对面试官如何使应试者按照既定话题和会话程序谈话，从而使其尽可能展现真实的汉语口语水平起着重要作用。

遗憾的是徐文仅对主持人的支持性反馈话语进行了研究，认为支持性言语反馈的目的是"支持或帮助当前说话人完成其言语行为和话轮，甚至表明自己对于当前说话人所讲的内容和观点的支持性态度"，因此支持性言语反馈是不以取得话语权为目的的（于国栋，2003）。也就是说，我们在徐丽欣的研究中只能了解到主持人是怎样利用反馈鼓励嘉宾继续当前话题的，而不能了解到主持人是怎样利用反馈终止嘉宾的当前话题，从而开启新话题的。此外，关于支持性反馈话语只进行了语用功能和使用者性别两个方面的研究，而且只是通过反馈话语的出现次数这一统计指标进行分析，研究内容和方法略显简单。

不过，徐文对新闻谈话节目主持人的支持性反馈话语从功能上进行了比较细致的分类，将其分为表示认可、表示接受、表示赞同、表示提示、表示澄清、表示评价和表示帮助七种类型，其中第一个类型属于一般支持性反馈话语，后六种类型属于高度支持性反馈话语。这为本研究对反馈功能类型的划分提供了参考。

三、研究思路

（一）研究语料

本研究采用了 87 份韩国应试者于 2008 年 4 月和 10 月两次参加 C-口语面试的转写语料。语料中对停顿、吸气、声音延长等非语言因素也做了简要标注。为了准确判断部分面试官话语的性质，本研究除了分析转写语料之外，也对实际录像资料进行了分析和验证。

（二）研究步骤

1. 本研究以会话分析、语用学及伯明翰学派 IRF 会话分析模式等关于反馈的相关研究作为理论基础，综合借鉴了汉语会话、新闻访谈等机构谈话中的反馈研究成果，对面试型口语考试中面试官反馈话语的定义和特征进行研究，从表达方式、语言形式、语用功能和语言环境等四个方面对反馈话语进行分类和描写。

2. 运用频次统计、百分比统计、卡方检验等统计学方法，揭示各类反馈话语在面试中的数量及分布情况，从中探讨不同类型反馈话语在面试中的作用。

3. 以语用功能为中心，进一步研究它与表达方式、语言形式和语言环境之间的内在关系，深入探讨和解释统计分析中出现的部分现象。

4. 基于上述研究结果，总结汉语作为第二语言口语测试中面试官反馈话语的规律和存在问题，进而对面试官的反馈模式和策略提出相关建议。

第二节 反馈话语的界定

前文已述，会话分析学派对反馈的界定非常苛刻，仅以会话的过程为着眼点将反馈视为会话中的非话轮成分。下面是刘虹（2004：52）界定反馈的六个条件，凡是有一个条件得不到满足，就不能称之为反馈。

（1）由听话者发出；

（2）客观上不打断当前说话者的话轮；

（3）客观上没有索取话轮的意向，而是鼓励说话者保持话轮；

（4）形式上比较简短；

（5）内容上不提供新信息；

（6）不充当对答结构的引发语。

刘虹（2004）是以汉语日常会话的对答结构作为研究对象的，反馈只是作为会话中的非话轮成分有所提及，形式简短，数量十分有限。而本研究以 C- 口语面试中作为面试官引导技术重要组成部分的面试官反馈话语为研究对象，探讨面试官反馈话语在方式、形式、功能、语境等方面的使用类型和分布特征，反馈话语在本章的内涵和外延均有延伸，形式和功能均有扩展，因此在界定反馈话语时就不能够采用刘虹（2004）的做法。

首先，就条件（2）而言，既然"客观上不打断"，那就意味着主观上可以打断，可是除非知晓打断者的真实心理，才能对主客观进行鉴别，这一条件其实难以判断。

其次，就条件（3）而言，本研究认为，听话者对说话者的话语做出反馈之后如果继续说下去，并没有将话语权返还给说话者，那么听话者的反馈还是反馈，而且这种现象在 C- 口语面试中大量存在，是面试官接续和控制话轮的一个策略手段，值得研究。

第三，就条件（4）而言，"形式上比较简短"如何量化判定？多短才算"简短"？本研究认为形式不应成为制约反馈话语定义的主要因素。

第四，就条件（5）而言，"新信息"如何认定？既然反馈表示"我在听""我同意""我有疑问"等意义，那就是说反馈是传达一定信息的，只不过可能更多的是情态信息，但这种信息对于说话者来说也是未知的。

最后，就条件（6）而言，本研究认为当反馈表示询问或质疑并且引起说话者的解释性回答时，反馈客观上是充当了又一轮对答结构的引发语的。

总之，六个条件大部分都不适用于本研究对面试官反馈话语的界定。

在界定面试官反馈话语之前，我们需要重申一下它所存在的会话场所的特殊性。C-口语面试是面试官与应试者一对一、面对面的口语考试，与一般会话相比，面试官和应试者的会话主要有以下两个特点：第一，面试官是作为控制者参与会话的，应试者是被控制者；第二，由于是针对母语非汉语人士的汉语水平考试，面试官和应试者之间的会话就成为母语者与非母语者之间的会话，因此会话双方的语言水平是不对等的。

在这种特殊语域下，本章研究的面试官反馈话语是指在 C- 口语面试中面试官对应试者话语做出的言语性质的反应。面试官话语只要同时满足以下两个条件，就可以视为反馈话语。

（1）面试官话语是针对应试者上一话轮的言语内容所做出的非相邻对子的反应；

（2）面试官话语必须紧密围绕应试者上一话轮的话题，不能包含新的实质性话题。

这两个条件强调了四个方面：

第一，强调了面试官反馈话语在会话中的位置，即位于应试者话语之后。

第二，强调了面试官反馈话语的反馈对象，即位于其前的应试者话轮的内容，既不是除此之外的该应试者其他话轮的内容，也不是其他面试官的话语。

第三，强调了面试官反馈话语的内容，即必须紧密围绕其反馈对象的话题，凡是偏离了该话题或者存在新的实质性话题的内容都不能算是反馈话语。

第四，强调了面试官反馈话语与其反馈对象之间的关系，即非相邻对子，也就是说凡是和应试者话轮之间存在固有联系的面试官话语都不能算是反馈话语。

根据上述界定，我们来分析四段语料。

例 4.4：

应试者：这个业务是，啊：：那个（3.0）嗯：：我来北京的时候，啊，我：：家人都一起过来，还有我，嗯，住在：：北京，北京的东 - 北四环外边的（阳光三栋），啊：：现在呢，（离工作还是），这个，啊：：学习中文，还有，啊：：：我：：努力合适中国的生活，嗯，（2.0）但是现 - 啊：：学习中文，嗯，很难。（50.0）

面试官：你、你、你去年来的，嗯，中国是吧？（3.0）

面试官的话题虽然和应试者的部分话题有关联，但是其主要内容"你去年来的中国是吧"并未和应试者话轮中的话题紧密相关，而是含有新的实质性话题，因此是开启了新的话题，不能够看作反馈话语。

例 4.5：

应试者：（38.0）可以（1.0）开始了吗？

面试官：可以可以。

应试者发出的是一个问句，面试官对此做出了回答，在此应试者和面试官的话语构成了相邻对子，二者之间存在着一问一答的固有联系，因此这种面试官话语也不能看作反馈话语。

例 4.6：

面试官：在 SK 工作多长时间了？（2.0）

应试者：啊：：：大概八年了。（3.0）

→面试官：= 哦，很长了。（1.0）

面试官在应试者话轮之后围绕"大概八年了"做出进一步陈述，这句陈述不但在内容上和反馈对象密切相关，而且二者之间也不存在固有联系，因此可以看作是反馈话语。

例 4.7：

面试官：嗯，很好，你们公司有没有就是说像这样经常出去聚会的时候？（6.0）

应试者：啊:（吸气）大概一个月一次，出去。（4.0）

→面试官：＝哦:固定的时间，一个月一次。一般去哪儿吃饭？（3.0）

面试官发出的"哦:固定的时间，一个月一次"可以看作是针对之前应试者话语做出的反馈，而之后的"一般去哪吃饭？"则开启了新的话题，不属于面试官反馈话语，而是提问话语。

对 C- 口语面试中的面试官反馈话语做出界定之后，我们可以从表达方式、语言形式、语用功能和语言环境等四个方面对其进行分类研究。

第三节　反馈话语的类型和分布

一、反馈话语的表达方式类型和分布

（一）不同表达方式的反馈话语

反馈话语的表达方式是指面试官使用什么样的语气和内容对应试者的话语做出反馈。首先，我们根据反馈话语的语气，将表达方式分为疑问方式和陈述方式，而陈述方式又可以根据反馈话语的内容分为重复方式、复述方式和自陈方式。其中，重复方式是指反馈话语的内容是对应试者话语的字面重复，复述方式是指反馈话语的内容是对应试者话语的意义重申，而自陈方式则是指反馈话语的内容既不是对应试者话语的字面重复，也不是对应试者话语的意义重申，而是面试官自己组织语言进行陈述的话语。

1. 疑问方式的反馈话语

即面试官采用疑问语气对应试者话语做出反馈。

例 4.8：

应试者：韩国人习惯那个我的妈妈还有老人比较他们，早餐一
　　　　定要吃，因为那个早餐的话，力力力

→面试官：*力？*

应试者：= 有影响。

例 4.9：

面试官：啊，哦：现在呀，这个大学生都特别强调要、要培养
　　　　学生综合素质，我们也是大学里面的老师，那么你对
　　　　这个在学校里怎么样培养大学生的综合素质有没有什
　　　　么样的建议？（14.0）

应试者：你问的问题太难了，我回韩国我也，不好回答。（6.0）

→面试官：*是吗？*

采用提问方式的反馈话语由于使用了疑问语气，其反馈目的都比较
明确，无论是像例 4.8 那样是对应试者话语的重复，还是像例 4.9 那样
是面试官自己的语言，其目的都是向应试者发出质疑或求证，希望应试
者给予解释或说明。

2. 重复方式的反馈话语

即反馈话语采用的是陈述语气，并且其内容是对应试者全部或部分
话语的字面重复。

例 4.10：

面试官：欢迎你参加今天的考试。（8.0）请你简单地把你自己的
　　　　情况介绍一下。

应试者：嗯（2.0）我叫罗栋元，嗯（1.0）在北京工作（2.0）两
　　　　年了。

→面试官：*两年了。*

可以看出，反馈话语完全是对应试者部分话语内容的重复，此反馈话语向应试者传递了"我在听，我听到了"的信息。

3. 复述方式的反馈话语

即反馈话语采用的是陈述语气，并且其内容是对应试者话语内容意义上的重申。

例 4.11：

面试官：哦，领导决定，如果你的想法跟你的领导的想法不一样的时候，这个时候你通常怎么办？

应试者：跟着领导的意思，呵呵。

→面试官：呵呵。领导怎么说，你就怎么做。如果是你的下级：：

面试官的反馈话语"领导怎么说，你就怎么做"是对应试者话语"跟着领导的意思"的意义上的复述，向应试者传达的是"我明白你的意思"这样的信息。

4. 自陈方式的反馈话语

即反馈话语采用的是陈述语气，并且其内容既不是对应试者话语的字面重复，也不是对应试者话语的意义复述，而是面试官用自己的语言来表达自己的感受或想法。

例 4.12：

应试者：在韩国，在韩国以前这个开始工业发展的时候，也这个 - 战略是这个怎么说呀，这个衣服呀，鞋呀，这 - 比较这个这 - 劳动力集中的这个这工业。

→面试官：对。

反馈话语"对"向应试者传达的信息是"我同意你所说的"。

例 4.13：

面试官：沟通，主要是说这人需要的多，对吧？

应试者：我的任务是产品批发部，我是总监。我下面的人都是中国人。

→面试官：哦，这样啊。

反馈话语"哦，这样啊"向应试者传达的信息是"我听到并且明白了你所说的"。

（二）反馈话语表达方式类型的分布

各类不同表达方式的反馈话语在语料中使用的数量分布情况见表4-1。

表4-1　反馈话语表达方式类型的数量分布（n=87）

数量及占比	疑问方式	陈述方式			合计
		重复方式	复述方式	自陈方式	
数量（例）	229	413	199	1452	2293
占总量百分比（%）	9.99	18.01	8.68	63.32	100

可以看出，本研究语料中共筛选出2293例反馈话语，其中，采用疑问方式的反馈话语有229例，不到总量的10%；而采用陈述方式的反馈话语则有2064例，超过总量的90%。在陈述方式的反馈话语中，采用重复方式的反馈话语占比18.01%，采用复述方式的反馈话语占比8.68%，而采用自陈方式的反馈话语最多，占比达到总量的63.32%。

由此说明，在C-口语面试中，面试官倾向于使用陈述语气向应试者传递反馈信息。这表明面试官能够意识到反馈时尽量不要扰乱应试者说话的思路，因为面试官一旦采用疑问语气对应试者做出反馈，那么应试者很多时候就要中断话语，反过来对面试官的疑问进行回应。当然，有时面试官的疑问式反馈其实是无疑而问，不需要应试者回答，但应试者常常判断不出是否需要回答，特别是初级水平的应试者。因此，疑问方式的反馈往往会干扰应试者的回答思路，一定程度上会影响应试者思维的连贯性和口语表达的流畅性。

二、反馈话语的语言形式类型和分布

（一）不同语言形式的反馈话语

通过语料分析，我们归纳了 C- 口语面试中面试官反馈话语的语言形式，主要是由拟声词和叹词（简称为拟叹词）、单个实词、短语和超短语构成的。之所以如此分类，是为了方便后文考察语言形式繁简与语用功能强弱之间的关系。本研究划分语言形式的依据是黄伯荣、廖序东主编的《现代汉语》（2002）中关于语法单位的界定标准。该书认为加上语调可以成为句子的语法成分有词、短语和分句。本研究将分句和句群统称为超短语。另外，该书将拟声词和叹词归为实词，而本研究我们将其独立出来与单个实词并列，是因为拟叹词是反馈话语的主要构成形式，其语用功能相对单一，这样划分便于后文分析。

1. 拟叹词形式的反馈话语

即反馈话语由拟叹词构成。以下几例的反馈话语有拟声词"呵呵呵"、叹词"哦""嗯""啊"等。

例 4.14：

面试官：太太现在也在北京？

应试者：对对，我的家人。

面试官：= 家人。

应试者：= 都在北京，我的家人，呃：都喜欢在中国的生活，除了这个这气候还有这个这空气环境的问题，别的（0.1）别的这个（0.1）都（0.1）行 - 喜欢。还有，我有这个（0.1）三个孩子 - 孩子，最大是个女孩子，十八岁，还有，最小的是：女孩子，是八岁，所以差别很大。

→面试官：*呵呵呵*。

例 4.15：

面试官：假如什么样的情况你会选择离开公司呢？

……

应试者：＝比如说，我已经：过了四十：岁了，所以，我感觉
（三十四 - 四五岁）的时候，我应该到一个（……）或
者一个那么高级的（0.2）地位，（过去：我不用这么
做了）考虑考虑，我在这儿继续工作，或者离开，找
别的工作：这样的。还 - 还有，我的孩子：（1.0）我的
妻子常常对我说，你的孩子现在几岁了（0.8）我们的
（……）他们几岁的时候是：我们的 - 就是第一次（0.3）
现在你跟：他：一起不玩儿的话，以后没有这样的机
会了。

→面试官：哦。

例 4.16：

面试官：＝哦。呵呵呵。那么，经常加班时间长了你可能会想老
板应该给我：增加工资，加薪，会吗？

应试者：这些，韩国公司跟中国公司还有跟美国公司不一样。

→面试官：＝嗯。

例 4.17：

面试官：孩子几岁了？

应试者：大儿子：是：九、九岁。

→面试官：啊。

2. 实词形式的反馈话语

即反馈话语由一个实词构成。重复方式的反馈常常重复的是说话者
话语中的焦点信息或核心词，疑问方式的反馈常常质疑或求证的也是说
话者话语中的焦点信息或核心词。而核心词一般都由实词担任，因此，
由一个实词构成的重复方式或疑问方式的反馈话语较为常见。以下两例
的反馈话语分别由名词"领导"和形容词"恐怖"构成。

例 4.18：

应试者：不一样的时候，首先谈一谈，谈一谈我的 - 我说我的

意见，我的想法，是。谈谈以后还没决定，还没（1.0）
哦（1.0）决定的话，还没决定话，可以跟领导汇报。

→面试官：领导。

例 4.19：

面试官：＝看电影，喜欢看什么样的电影？（1.0）

应试者：（吸气）以前我，看看这个爱情的故事，但是现在我、
我很想看（1.0）怎么说这个，恐、恐怖。（15.0）

→面试官：＝恐怖？

应试者：嗯，恐怖电影。

3. 短语形式的反馈话语

即反馈话语由一个短语构成。此处的短语形式包括带有句调的单句
形式。如以下几例面试官反馈话语中包含的短语有"地铁也很方便"（主
谓短语）、"去承德旅游了"（连动短语）、"比较容易"（偏正短语）、"住在
望京（述补短语）"等。

例 4.20：

面试官：嗯嗯那你星期五不能开车那你是怎么办的呢？

应试者：呃有时候有时候呃出去打。

面试官：＝打出租车？

应试者：有时候坐地铁地铁很方便。

→面试官：地铁也很方便。

例 4.21：

面试官：嗯，自己去的，去了什么地方？

应试者：噢：自己去的地方是（1.0）北京近的地方，比较近的，
承德。

→面试官：嗯，去承德旅游了。

例 4.22：

面试官：那你觉得汉语好学吗？

　　　应试者：比较容易。

→面试官：比较容易。

例 4.23：

　　　面试官：呵呵，很幸福，住在哪儿？

　　　应试者：啊：望京。

→面试官：哦，住在望京？

　　　应试者：住在望京。

4. 超短语形式的反馈话语

即反馈话语由复句或者句群构成。如以下两例是复句形式的反馈话语。

例 4.24：

　　　面试官：每天加班，哦。

　　　应试者：一般的时候八点 - 每天晚上八点的时候（0.0）下班。

→面试官：哦，每天都很忙，差不多都在这样。

例 4.25：

　　　面试官：那个 - 刚才您 - 那个：吕先生您刚才说了，这个：经常
　　　　　　　出差？

　　　应试者：对，经常出差。

→面试官：= 那就是经常旅行，是吧？

　　　应试者：= 对对。

　　由于反馈话语一般以不打扰对方思路、鼓励对方继续说下去为主要目的，所以绝大多数的反馈话语都比较简短，而且各种语言形式都常常与拟叹词搭配使用。即使在由面试官主导会话、以测评应试者汉语水平为主旨的 C- 口语面试中，面试官反馈话语也一般都比较简短，像"每天都很忙，差不多都在这样"的语言形式在反馈话语中所占比例是很小的。使用这种长且复杂的语言形式作为反馈话语，一方面可以体现面试官与应试者互动的主动性，另一方面可能与反馈话语要发挥的语用功能

有关，有时候太简单的语言形式发挥不了特定的语用功能。比如说，例4.16 中的"嗯"就只是告诉应试者"我在听"，而例4.24 中的"每天都很忙，差不多都在这样"则可以告诉应试者"我不仅在听，而且我也明白了你的意思，并且又将你的意思复述了一遍"。

（二）反馈话语语言形式类型的分布

各类不同语言形式的反馈话语在语料中使用的数量分布情况见表4-2。

表4-2　反馈话语语言形式类型的数量分布（n=87）

数量及占比	拟叹词	实词	短语	超短语	合计
数量（例）	839	492	913	49	2293
占总量百分比（%）	36.58	21.46	39.82	2.14	100.00

数据表明，短语和拟叹词这两种语言形式在面试官反馈话语中使用得最为普遍，分别占总量的 39.82% 和 36.58%。语料分析显示，拟叹词常常与其他语言形式搭配使用，这样可以增加双方的互动感和听话者的参与感，从而更好地鼓励说话者继续讲话；短语形式的反馈话语可以传达更多的反馈信息，增强参与感和领会度，同时语言形式不复杂，因此使用数量居首。除了短语和拟叹词之外，使用较多的语言形式还有实词，占总量的 21.46%；最后是超短语，只有 49 例，占总量的 2.14%，说明面试官对语言形式过长的反馈话语在使用上比较谨慎。由于拟叹词大多只有一个实词的长度，所以我们将拟叹词和实词形式构成的反馈话语数量合并，相加之和在整个反馈话语中占比约 60%。可见，反馈话语总的来说在语言形式上还是以简短为主。

三、反馈话语的语用功能类型和分布

（一）不同语用功能的反馈话语

Allwood（1993）曾将反馈信号的基本功能归结为四类：（1）表示接触（contact）；（2）表示信息的收到（reception）；（3）表示理解收到

的信息（understanding）；（4）表示态度（attitude）。这四个基本功能从表示接触到表示态度是一个由低级到高级的序列，其中，高级的语用功能可以包含低级的语用功能，而低级的语用功能却不能够包含高级的语用功能。吴平（2000：32）认为表示接触和表示收到信息很难区分，实际分析时可以归并为一类，统称表示收到信息。

语料分析发现，C-口语面试中面试官反馈话语的语用功能和吴平（2000：32）的分析基本一致，即分别表示收到信息、表示理解和表示态度。三种功能之间的关系也是依次递进、不可逆推，即表示态度的反馈话语也表示理解和收到信息，表示理解的反馈话语也表示收到信息；而表示收到信息的反馈话语则不具备表示理解和态度的语用功能，表示理解的反馈话语则不具备表示态度的语用功能。

1. 表示接收的反馈话语

在 C-口语面试中，面试官通过某些反馈话语向应试者传递"我在听，我听到你的话了"这样的信息，反馈话语的这种语用功能就是表示接收到了信息。

例 4.26：

面试官：好，你很会讲故事。那么这这幅图画有没有让你联想到什么？比如说你所（0.0）度过的难忘的生日？或者是你给你的父辈-父亲母亲过生日，有没比较难忘的，这种经历给我们讲一下。

应试者：哦哦哦：（2.0）这个呃，我突然想起来了，咳，（3.0）今-今年今年吧，一月三十一号（1.0）真的（1.0）是我爸爸的那个七十岁的生日。

→面试官：哦。

应试者：=所以我们家，我已经在中国待了五年了，呃所以这次：我我已经结婚了，有一个儿子，我们三个人都去韩国，我们准备了那个很大的很大的那个（1.0）生日 party，呃，（2.0）但是我那个，（1.0）我我是一个-我

我是那个 - 我是一个那个呃：独生子。

→面试官：哦。

面试官分别用两个语气词"哦"向应试者传递"我在听"这一信息。

例 4.27：

面试官：现在可能你不能去：读这个哲学的研究生了，但是（吸气）我想你休息的时候还是可以继续看这些书，慢慢地去、去丰富自己。我觉得非常好，因为，一边、一边有自己的工作能够养活这个：，妻子啊，孩子啊，带大家过好日子，另外一方面有自己的这个精神的追求。（24.0）

应试者：＝所以看：：书，这个、这个，比如（财务….）这些方面的一些，看以后读一遍之后就感觉不一样，这样的书呢，看-读、读一遍以后，感觉就着急，因为呢是，啊这个地方是不知道的事情、不知道的事情，但是理不理解，这是，用这个解释可以，用我的工作耽误，所以我感觉着急，但是这个哲学这方面的事，看了一遍以后感觉舒服。（36.0）

→面试官：＝感觉舒服。

应试者：啊。

面试官使用重复应试者话语的方式向应试者表示"我收到了你的信息了"。

2. 表示理解的反馈话语

在 C- 口语面试中，面试官通过某些反馈话语向应试者传递"我理解你的意思""你说的我明白"这样的信息，反馈话语的这种语用功能就是表示理解。表示理解又可以细分为表示明白、表示求证、表示补充和表示说明等四种功能。其中，表示明白是表示理解这一语用功能的核心项，其他三类则是表示理解这一语用功能的衍生项，具备这些衍生语用功能的反馈话语都是在暗含表示理解的基础上进一步发挥其他语用功能的：表示求证是在理解的基础上进一步向应试者求取确定的信息；表示补充是在理解的基础上补充应试者未完成的话语；表示说明是在理解的基础上对应试者的话语做出说明。

（1）表示明白

即面试官使用反馈话语向应试者传达"我明白了"这样的信息。

例 4.28：

    应试者：哦，摩托，摩托车，倒了，还有，嗯：：这个呢，警察现在有，嗯：：手枪。（11.0）

    面试官：手枪？

    应试者：手枪，啊：：（3.0）还有，（咂嘴）好多人看、看这样的情况。（13.0）

→面试官：好。

面试官使用反馈话语"好"向应试者传达了"我明白你的话"这样的信息。

例 4.29：

    面试官：送到一些什么？

    应试者：我给那个商店打电话。

→面试官：＝啊，明白了。

面试官直接告诉应试者"明白了"。

（2）表示求证

即面试官利用提问的方式向应试者确认自己对应试者话语的理解是否正确，或者是向应试者确认自己是否听清楚了应试者的话语。

例 4.30：

    面试官：＝应该怎么做？

    应试者：＝应该、你，第一个是你自己克服这样的困难或者是

不、不合理的事情，然后如果你自己不能做的话，你
同事在一起做嘛，但是如果、如果、如果这个怎么说，
不能克服的话，就算了吧，因为是你：你自己的辛苦
是最重要。（23.0）

→面试官：*接受现实，是吧？*（2.0）

应试者：＝嗯，对。

面试官对应试者话语的理解是"接受现实"，为了确定自己的理解
是否正确，面试官就向应试者提出了"接受现实，是吧？"这样的求证
话语。

例 4.31：

面试官：＝给您一分钟的时间，您看一下这张图，然后告诉我这
张图里画的是什么内容。

应试者：一分钟啊，嗯：：

面试官：＝你一定不陌生。

应试者：＝这是 - 好像就是（0.1）宾馆。

→面试官：*宾馆？*

应试者：对，宾馆，呃：：他们（1.0）看好了这个这宾馆还有
（1.0）去前台，还有：他们这个：呃：看一看这个这
（2.0）他们的（2.0）预订的房间，呃，我不知道他们
是来的时候或者离开的时候我不知道。

面试官直接重复"宾馆"这个词来向应试者确认信息。在以上两例
中，应试者都针对面试官的提问给予了肯定性的答复。

值得注意的是，有时候面试官使用表示求证的反馈话语时，并不
是期待应试者予以确认，而是在反馈话语之后又提出新的问题，在这
里，反馈话语的作用更多的是向应试者传达了"我在听，我知道了"等
信息。例 4.3 就是这种情况。面试官使用反馈话语"赵成敏是吧？"之
后并没有让应试者给予确认，而是接着询问应试者来中国多久了。面试
官使用这种反馈话语的目的不在于请求应试者给予确认，而是在告知应

试者"你说的话我听到了，我明白了"。这种情况属于语用功能的弱化，但是本研究还是将其视为求证功能，因为面试官毕竟是向应试者提出了问题，而且应试者如果愿意给予确认也是可以的。

（3）表示补充

即在应试者自主表达遇到困难时，面试官根据自己对应试者话语的理解，帮助其将没有表达完整的话语补充完整。

例 4.32：

　　面试官：那么：以后会有这方面的理想吗？就是在工作上得到，
　　　　　　就是经常得到第一，有这样的愿望吗？（7.0）

　　应试者：其实（1.0）其实没有啦，但是，其实（5.0）……

→面试官：希望。

例 4.33：

　　面试官：如果你觉得你是对的，你坚持自己的意见吗？（3.0）

　　应试者：一般的时候，我：是。（2.0）

→面试官：＝坚持。

　　应试者：对。

在上面两例中，应试者话语之后分别有长达 5 秒钟和 2 秒钟的停顿，出于某些原因（比如为了保证考试的节奏）的考虑，面试官会根据自己对应试者话语的理解来将应试者未完成的话语补充完整。不过需要指出的是，口语面试毕竟不同于日常攀谈，面试官的提问相当于布置给应试者测试任务，而应试者应该独立完成全部测试任务，因此这类反馈话语一般是不提倡面试官使用的。

（4）表示说明

即指面试官在理解应试者话语的基础上，利用反馈话语对应试者的话语做出说明。

例 4.34：

　　面试官：嗯，嗯，在你的工作当中，在你的工作当中就是说，
　　　　　　嗯，竞争这种就是：嗯：这种事情，嗯，多不多？比

　　　　如说就是你跟你的同事之间或者你的员工、员工之间
　　　　存在这种竞争关系的这、这种。（15.0）
　　应试者：嗯：：：竞争啊，哦，说实话我跟同事之间或者说我
　　　　部门之间，我没、想过什么竞争，哦，如果我、对我
　　　　来说竞争这个：：意、意味着跟其他公司，其他的这
　　　　个：合作，伙伴。（19.0）
→面试官：哦，是外部的环境之间的竞争。（1.0）

　　反馈话语"是外部的环境之间的竞争"是对应试者话语"跟其他公司，其他的这个合作伙伴（之间的竞争）"的解释说明。很多时候，面试官的这类反馈话语只是将应试者的话语进行了文字调整，即重新组织语言将应试者话语的内容表述出来。

　　例4.35：

　　面试官：嗯，嗯：你通常都能够很好地处理好这种关系。（3.0）
　　应试者：我觉得我处理得还可以。（2.0）
→面试官：处理得不错。（笑）有这样一句话，说啊没有永远的朋
　　　　友，只有永远的利益，啊，这是一位名人说的，你同意
　　　　这种观点吗？（10.0）

　　面试官使用复述方式将应试者话语中的"还可以"调整为了"不错"。

　　例4.36：

　　面试官：哦，好，嗯，现在在你们公司里头你们同事有没有经
　　　　常迟到的？（5.0）
　　应试者：哦：（2.0）大部分都九点左右上班。（5.0）
→面试官：哦，不会迟到。（1.0）
　　应试者：嗯。

　　反馈话语"不会迟到"是面试官针对应试者的回答做出的进一步说明。

　　例4.37：

　　面试官：＝哦，开车大概多长时间？（1.0）

应试者：嗯，从这到办公室：大概五分钟。（4.0）

面试官：哦，五分钟。

应试者：=堵车的话十分钟，就到了。（1.0）

→面试官：=哦，*那么近啊！*

应试者：啊，啊。

反馈话语"那么近啊"是面试官针对应试者的回答做出的评价性质的说明。

不管是解释性质的说明，还是评价性质的说明，表示说明的反馈话语其本质都是面试官在理解应试者话语的基础上围绕应试者话语内容做出的进一步的阐释，有的还未必是进一步阐释，仅仅只是文字上的调整。值得指出的是，大部分表示说明功能的反馈话语采用的表达方式都是复述方式，这是因为面试官在对应试者话语做出说明时，不应夹带过多自己的观点，这不符合测试要求，所以在对应试者话语做出说明时，选择这种"变个说法"的方式是一种既遵守测试要求又维系互动关系的反馈策略。

3. 表示态度的反馈话语

在 C- 口语面试中，面试官通过反馈话语向应试者传递"我同意你所说的"或者"我不同意你所说的"这样的信息，反馈话语的这种语用功能就是表示态度。表示态度可以分为表示赞同和表示反对两个类别。其中表示反对又可以再划分为表示质疑和表示纠正。

（1）表示赞同

即面试官反馈话语向应试者传达"我同意你所说的""我同意你的观点"之类的信息。

例 4.38：

应试者：最近这边展览中心（……）会都来了，（国展）。

面试官：哦：最近这两天有在车展，哦：？

应试者：太太太堵车了。

→面试官：*对。*

例 4.39：

应试者：＝人际、人的一些个性这个是不会变的。（3.0）

→面试官：嗯，有道理啊。你知道那个保洁公司吧？（4.0）

以上两例面试官分别用"对"和"有道理啊"向应试者表达了"我同意你说的话"。

与此相反的语用功能是面试官利用反馈话语向应试者传达"我不同意你所说的""我不同意你的观点"这类信息。该语用功能可以再划分为表示质疑和表示纠正，其中表示纠正所表达的反对程度要比表示质疑强烈。

（2）表示质疑

即面试官由于不同意应试者的话语，而采用疑问方式对应试者提出质疑。

例 4.40：

应试者：九点（3.0）九点和同事们一起和同事们一起吃饭吃午饭。

→面试官：九点？

应试者：噢，十二点十二点十二点，还有下午呢下午下午（0.0）重新开始工作（5.0）还有（5.0）正式我们正式下班的时间是六点，但是每天每天加班，呵呵。

例 4.41：

面试官：＝非常喜欢啊，嗯，那么你可不可以讲一讲你最难忘的一次度假的经历？

应试者：难忘的一次？啊：：（2.0）我 1995-6 年，我去过亚洲。（9.0）

→面试官：亚洲？

应试者：＝亚洲。

面试官：这就是亚洲。（1.0）

应试者：嗯：：那就不是，很多黑色的人。（4.0）

面试官：啊，非洲。

例 4.42：

应试者：嗯：嗯，古代的城市，嗯：比现在很多 - 很大。（9.0）

→面试官：= 大很多？

应试者：= 嗯，大很多，所以，嗯：现 - 我们 - 我的家：是（1.0）嗯：（都心），古代的（都心）（1.0）地方。不过，这样的东西是在（2.0）郊区吧。

以上三例均是使用疑问方式向应试者表示质疑。其中，"九点？"暗含自己不能同意应试者所说的"九点和同事们一起吃午饭"；"亚洲？"质疑应试者说的"去过亚洲"，因为举行考试的地方就在中国，"这就是亚洲"；"大很多？"暗示应试者话语中存在表达错误。使用疑问语气的反对程度较弱，表明一种怀疑、咨询的态度。

（3）表示纠正

即面试官由于不同意应试者的话语，而采用陈述方式对应试者进行纠正。

例 4.43：

面试官：啊，现在这样，就是这个语言考试啊，看看你能说些什么，现在比如这个你有两个同事，有两个同事，第一 - 有一个呢很聪明，工作效率很高，他一天能做、能做两天的事情，可是呢他经常迟到，不太守规矩。那么另外一个同事呢，他：：很勤奋，啊，每天都来得很早，但是呢他工作效率工作能力很一般，啊，现在呢如果你是领导，现在有 - 给一个人加薪的机会，有 - 给一个人提高工资的机会，那你会给哪一个人呢？（43.0）

应试者：= 啊：：啊，这个嘛。（3.0）（一起笑）

面试官：没关系，你就当一回领导。（1.0）

应试者：我当领导的话，我：如果我当领导我给那个：怎么说呢，给，嗯：效果比较高一点的。（10.0）

→面试官：效率。

应试者：＝嗯，效率比较高一点的人，那个给，他的，怎么，好：：（6.0）

例 4.44：

应试者：我觉得首尔是呃：很大很大，（……）小北京。

→面试官：*比北京小一点儿。因为我没有去过没去过首尔，我不知道，我说我，北京和首尔你觉得北京和首尔哪个城市更好？*

例 4.45：

面试官：*她每天自己去上学还是你的太太送她去上学？*（4.0）

应试者：啊：每天的学车，（20）学校、校，学、学车。学（8.0）

→面试官：*哦，哦，学校的车，校车。不是学车是校车。*（3.0）

应试者：啊，校车，学校，校车。（1.0）

在上述三例中，面试官直接明确地对应试者话语中出现的错误进行了纠正，特别是例 4.45 中，面试官明确告诉应试者"不应该怎样说，应该怎样说"。

需要指出的是，以上示例中表示反对的反馈话语大多是就应试者话语中出现的语言错误给予反对，如例 4.42、4.43、4.44 和 4.45。只有少部分是对应试者话语所表达的信息进行反对，如例 4.40 和 4.41。C- 口语面试中表示反对的反馈话语之所以会出现这种以否定语言错误为主、以否定话语观点为辅的现象，应该是与面试官和应试者的会话是母语者与非母语者之间的会话有关，这一现象可以看作是一个第二语言教学课堂上的教学缩影。然而，面试官在 C- 口语面试中的职责是引导应试者完成测试任务并就其语言水平给予评估，而不是给应试者现场纠正错误、传授汉语知识，因此，这种否定应试者语言错误的反馈话语不提倡面试官使用。

（二）反馈话语语用功能类型的分布

各类不同语用功能的反馈话语在语料中使用的数量分布情况见表 4-3。

表4-3　反馈话语语用功能类型的数量分布（n=87）

基本功能项	次级功能项	数量（例）	占总量百分比（%）	数量（例）	占总量百分比（%）
表示接收	表示接收	1250	54.51	1250	54.51
表示理解	表示明白	360	15.70	846	36.89
	表示求证	210	9.16		
	*表示补充	34	1.48		
	表示说明	242	10.55		
表示态度	*表示赞同	130	5.67	197	8.59
	*表示质疑	19	0.83		
	*表示纠正	48	2.09		
合计		2293	100.00	2293	100.00

注：* 表示在 C- 口语面试的面试官培训中不被推荐使用的话语。

　　数据显示，在 C- 口语面试中，有超过一半的反馈话语只具有表示接收到信息的功能，这说明反馈话语最基本的语用功能就是向应试者传达"我在听，我听到你的话了"这样的信息；表示理解的反馈话语占总数的 36.89%，其中又以表示明白的反馈话语居多，其次是表示说明的反馈话语，再次是表示求证的反馈话语。具备以上四种语用功能的反馈话语占反馈话语总量的 89.93%，而具有表示补充、赞同、质疑和纠正这四种语用功能的反馈话语只占 10.07%，这是因为 C- 口语面试要求面试官尽量避免给应试者提供帮助或表明态度。上述数据表明面试官在测试中基本上遵守了这一要求。

第四节　反馈话语的语言环境特征

　　通过语料观察我们发现，C- 口语面试中面试官反馈话语的语言环境特征可以从两个方面进行考察：一方面，反馈话语是发生在应试者话轮完成之后，还是发生在应试者话轮未完成时，即反馈话语的初始语言环境；另一方面，面试官发出反馈话语之后是紧接着开启了新的话题，还是将话语权又返还给应试者，即反馈话语的后续语言环境。通过对反馈话语的语言环境特征进行考察，我们可以从一个更大的视角去分析反馈话语在整个C-口语面试中是怎样帮助面试官完成引导测试和推进会话的双重任务的。

一、反馈话语的初始语言环境特征

我们把反馈话语是发生在应试者话轮完成之后还是未完成时作为反馈话语的初始语言环境特征进行分析研究。参照刘虹（2004：69-75）关于汉语会话中话轮转换相关位置的判断方法，结合本研究语料的特点，我们制定了判断C-口语面试中应试者话轮是否完成的标准，主要有以下四点：（1）应试者话语中某一语法序列完成；（2）应试者话语中某一语义序列完成；（3）应试者话语中出现语义重复的语句；（4）应试者话语中出现总结性的语句。我们规定，面试官在上述四种情况中的任意一种情况下发出的反馈话语都可以看作是发生在应试者话轮完成后的反馈话语，而在上述四种情况以外的情况下发出的反馈话语都看作是发生在应试者话轮未完成时的反馈话语。

（一）反馈话语发生在应试者话轮完成后

根据上文提出的判断应试者话轮是否完成的标准，下面四例就属于发生在应试者话轮完成后的反馈话语。

例4.46：

　　面试官：啊，啊，啊，早上一个半小时，好，嗯：我们现在请你看一幅图啊，你可以有一分钟的时间来认真地看一下，然后呢给我们描这一下这个图的内容。（14.0）

　　应试者：描述？

面试官：嗯。

应试者：（吸气）有点难。嗯：（吸气）看起来这：：这个地方
是，某一个公司，的前台，嗯：（2.0）嗯：两、两个
人：刚才，翻完那个公司，还有在前台，玩我（吸
气），他们跟谁，嗯，谁，（2.0）嗯，嗯，他们见、见
的人，（2.0）嗯，有没有，问有没有，嗯：：（2.0）
嗯：：我觉得。（1.0）前台的服、服务员说如果翻
完：：我的公司的人应该要报名或者，嗯：什么，怎
么，写名字，写、写，啊联系的，联系好，这个事应
该说这样的，所以他们写、写，刚才写、写什么，我
不知道写、什么写。嗯，嗯：（4.0）（吸气）嗯看起来
他们的：包，嗯：我觉得他们是：嗯，很远的地方来、
来的，（3.0）嗯：我的描述完了。

→**面试官：好。（一起笑）**

虽然应试者在描述图画时话语支离破碎，语义杂乱，可是在话语末
尾，他却明确表达了一个既具有完整语法序列又具有完整语义序列的句
子，即"我的描述完了"，这就有利于面试官清晰地判断出应试者的话
轮已完成，因此面试官在这时做出的反馈话语就是发生在应试者话轮完
成后的反馈话语。

其实大部分情况下，"语法序列的完成"和"语义序列的完成"是
一致的，但有时候，虽然语法序列不是很完整，其语言环境还是赋予了
它完整的语义序列。

例4.47：

面试官：几个？

应试者：＝两个。

→**面试官：两个小孩子。**

应试者：＝两个小孩。

"两个"指的就是"我有两个小孩子"，省略了中心语。面试官根

据"应试者话语中语义序列的完成"判断出应试者话轮已经完成。

例 4.48：

　　面试官：哦，每天就是工作

　　应试者：每天在公司，所以昨天 - 去年我没有请假。

→面试官：哦，去年你一直在工作。

　　应试者：哦

面试官根据"应试者话语中语义重复的语句"判断出应试者话轮已经完成，因为应试者话语的后半部分"去年我没有请假"正是对前半部分"我每天都在公司"的解释说明，二者在语义上是重复的。

例 4.49：

　　面试官：一分钟，做一个简单的自我介绍，是不是，你在大学的时候学的什么专业，到中国来多长时间了？做一些，在公司里做一些什么事情？（10.0）

　　应试者：嗯，那我简单地介绍一下，我在韩国大学的，嗯：上学的时候，我经济，经济：：方面的那个学，哦，毕业以后，嗯：：我参加那个公司，现在大概十一个、十一年吧，然后，三年之前，2006 年来北京在这工作，我主要负责的方面（吸气）主、主要，嗯：工作的内容是，现在电子商务，开发，嗯，一个新的企业，那个方面我负责的，还有，（吸气）我（1.0）我有两个孩子，是我的信息。（48.0）

→面试官：看不出来。（1.0）（一起笑）

面试官根据"应试者话语中总结性的话语'是我的信息'"判断出应试者话轮已经完成。对于例 4.46，也可以认为面试官是根据"应试者话语中总结性的话语'我的描述完了'"判断出应试者话轮已经完成的。

（二）反馈话语发生在应试者话轮未完成时

下面两例中出现的面试官反馈话语发生在应试者话轮未完成时。

例4.50：

> 应试者：＝规则，交通规则，然后是，（吸气）（2.0）他问或者他
> （记）你违反交通规则，这样、这样的，这样写，可是，
> （吸气）我真的不知道他为什么这样这样坐着。（21.0）
>
> 面试官：因为他是不是被撞着了，撞着。（2.0）
>
> 应试者：可是，可是我觉得，我想的奇怪的是他是（4.0）
>
> →面试官：交通警察，交警、交警。（2.0）
>
> 应试者：交通警察。嗯，嗯。还有他、他的现在看的这个是，
> 怎么说，（车上载），（…）（9.0）

由于应试者在表达方面遇到阻力以至于没能完成自己的话轮，而且后面还有长达4秒的停顿，因此面试官在应试者话轮未完成时说出反馈话语以帮助应试者完成话轮。

例4.51：

> 面试官：嗯，嗯：经常碰到堵车吗？（3.0）
>
> 应试者：（吸气）嗯：最近，没有堵车。（2.0）
>
> 面试官：＝最近没有。（1.0）
>
> 应试者：＝嗯。
>
> 面试官：嗯：奥运会以后。（2.0）
>
> 应试者：奥运会以后就：（1.0）
>
> →面试官：好。这里一张图，请你看看，这个图上发生了什么事
> 儿，啊，给它介绍一下。（10.0）

应试者由于某些原因不能完成自己的话轮，为了控制考试节奏，面试官希望转换当前话题从而展开新的话题，因此在应试者完成话轮之前，面试官就利用反馈话语"好"展开了新的话题。例4.51可以很好地说明在C-口语面试中，反馈话语可以作为一种话题过渡手段，在面试官转换话题时起到衔接作用，从而使话题的转换不显得那么突兀。

二、反馈话语的后续语言环境特征

面试官发出反馈话语之后是开启了新的话题还是将话语权归还给应试者？我们以此来考察分析反馈话语的后续语言环境特征。

（一）反馈话语后开启新话题

有时，面试官在说出反馈话语之后，并没有把话语权还给应试者，而是紧接着开启了新的话题。

例 4.52：

面试官：就是有没有韩国人特别的吃饭的习惯啊？他们吃的东西啊是吧？有没有特别的？

应试者：＝特别的？

面试官：＝不一样的。

应试者：＝特别的是那个（咳嗽）差不多那个差不多所有人做那个泡菜泡菜，还有那个汤，韩国那个全部的全部的菜，还有（2.0）觉得午饭也很简单吃，晚饭呢晚饭这样的多吃一点儿。那个觉得那个去外面去外国最难的是不习惯要吃不习惯不习惯菜，那美国的美国的或者英国的这样的西洋的西洋的国家很多人，比如说我公司人公司人很多机会去那个外国，中国也很多，但是很多菜很多香菜这样的，还有中国菜很多那个用油，那个炒，韩国人不喜欢这样。

→面试官：呵呵。除了这个吃的东西不太一样以外，就是吃饭的方式有没有不一样的？

面试官使用"呵呵"向应试者传达了"你说的话我都听到了，并且很感兴趣"之后，并没有将话语权还给应试者，而是紧跟着又向应试者提出一个新的问题。

例 4.53：

面试官：你喜欢，休息的时候你喜欢做什么？（2.0）

应试者：嗯：听：（2.0）古代音、音乐。（4.0）

→面试官：古代？是韩国的古代音乐还是世界的？（3.0）

应试者：西洋的，西洋的。（2.0）

面试官发出反馈话语"古代？"之后并没有等待应试者的回答，而是紧接着又开启新的一轮提问。前文已说过，面试官在使用表示求证这一语用功能反馈话语的时候，有时求证的语用功能会被弱化，变成只表示收到信息。一般在这个时候，面试官并不期望应试者进行说明解释，而是直接开启新的话题。

例 4.54：

面试官：在其他方面呢有没有什么，或者像你说的这个文化这个方面的问题，你有没有碰到？

应试者：文化方面的？文化方面的，现在呢，（4.0）不大的。

→面试官：不太大，基本能够适应了。还要在中国待多久？

由于应试者的认知有限，对面试官的问题似乎无话可说。因此，面试官在对应试者的回答做出反馈后，顺势转移话题，开启了一个能让应试者有话可说的话题。

语料分析发现，面试官发出反馈话语后又开启新话题的现象一般出现在以下几种情况：

（1）当面试官认为应试者就某一任务或话题已说出足量的话语时，如例 4.52。

（2）当面试官认为有必要让应试者就某一话题进行深入探讨时，如例 4.53。

（3）当面试官认为应试者受语言水平或认知水平所限经过努力确实难以完成某一任务或话题时，如例 4.54。

（二）反馈话语后返还话语权

有时，面试官说出反馈话语之后，就把话语权返还给应试者。特别是当应试者不需要面试官引导就可以很好地就某一任务或话题进行作答时，面试官往往只发表反馈话语，不夺取话语权。

例 4.55：

面试官：好，现在请你看一张图，然后您可以看一分钟，然后呢可以给我们讲讲图上的内容，或者你自己给我们讲讲图上的故事也行，编一个故事也可以。

应试者：在（会议室，会议室）里三个人，两个男人，一个女人，（1.0）开会，（2.0）两个男人站着（1.0）说一说，女-但是女的坐着（1.0）用电脑查资料。

→面试官：嗯。

应试者：我不知道他们谈的问题是什么，还是他他的，我感觉上，我估计他们很-最大的还还是（6.0）最大的问题谈。

面试官：你觉得他们三个人可能是什么关系？

应试者：同事嘛，我觉得是。

→面试官：同事。

应试者：这（2.0）哦（2.0）右边的人，我估计右边的人是（1.0）领导，呵呵。

→面试官：呵呵。

上例中一共出现三个反馈话语。这段会话中应试者的任务是描述图画，由于应试者的话语在内容上具有连贯性，因此面试官的三个反馈话语都很短促，没有带出后续新话题，而是将话语权立刻返还给应试者。

三、反馈话语的语言环境分布

综合上述分析，本研究对反馈话语的语言环境特征的观察和吴平（2001）关于汉语会话中反馈项目的分布研究基本一致。本研究中的发生在应试者话轮完成后和话轮未完成时的反馈话语和吴文中位于"调位尾"和"调位中"的反馈项目是对应的；本研究中的开启新话题的反馈话语和吴文中位于"调位首"的反馈项目是对应的。

数据显示，在全部语料的 2293 例反馈话语里，有 2052 例反馈话语发生在应试者话轮完成后，占总量的 89.49%；只有 241 例反馈话语发生在应试者话轮未完成时，仅占总量的 10.51%。由此可见，面试官倾向于在应试者话轮完成后说出反馈话语。根据会话交际的礼貌原则，面试官的这一倾向说明面试官在测试中非常注重交际礼仪，遵守话轮转换规则，尽量避免打断应试者谈话思路，同时又能使应试者及时得到面试官的反馈信息，从而保证应试者的稳定发挥。进一步分析语料发现，在全部语料中没有出现面试官突兀地打断应试者话轮强行反馈的现象，那些发生在应试者话轮未完成时的 241 例反馈话语都发生在应试者表达出现困难时：一部分是用来帮助应试者完成话轮的，如例 4.50；另一部分是用来转移话题的，如例 4.51。

在全部反馈话语中，有 1216 例带后续新话题的反馈话语，占总量的 53.03%；有 1077 例返还话语权的反馈话语，占总量的 46.97%。由此可见，反馈话语在控制整个 C- 口语面试中主要发挥了两种作用：一个是保持当前话题的作用，另一个是转移话题的过渡作用。这两种作用在使用次数上基本上是持平的。

第五节　反馈话语的功能实现路径

通过上文对反馈话语的初始语言环境特征和后续语言环境特征的研究，我们可以发现，面试官反馈话语在整个口语面试中充当着"黏合剂"和"转换器"的重要作用。前者是指在适当的时候给予反馈，专注、紧密地维系当前话题；后者是指在必要的时候进行调控，自然、顺畅地完成话题转换。反馈话语的上述作用是通过其不同类型的语用功能得以实现的。而反馈话语的语用功能又和它的表达方式、语言形式和语言环境等密不可分。因此，为了对反馈话语的运作机制进行深入了解，我们以语用功能为中心，从反馈话语的表达方式、语言形式及语言环境等三方面具体考察反馈话语的语用功能实现路径。

一、从表达方式看反馈话语的功能实现路径

反馈话语的语用功能需要通过特定的表达方式才能得以实现。不同的表达方式对语用功能实现所起到的作用可以通过表4-4来显示。

表4-4　反馈话语的表达方式对语用功能实现的作用

语用功能	数量及占比	疑问方式	重复方式	复述方式	自陈方式	合计
表示接收	数量（例）	/	413	/	837	1250
	占本功能反馈话语总量的百分比（%）	/	33.04	/	66.96	100.00
表示明白	数量（例）	/	/	/	360	360
	占本功能反馈话语总量的百分比（%）	/	/	/	100.00	100.00
表示求证	数量（例）	210			/	210
	占本功能反馈话语总量的百分比（%）	100.00	/	/	/	100.00
表示补充	数量（例）	/	/	/	34	34
	占本功能反馈话语总量的百分比（%）	/	/	/	100.00	100.00
表示说明	数量（例）	/	/	199	43	242
	占本功能反馈话语总量的百分比（%）	/	/	82.23	17.77	100.00
表示赞同	数量（例）	/	/	/	130	130
	占本功能反馈话语总量的百分比（%）	/	/	/	100.00	100.00
表示质疑	数量（例）	19	/	/	/	19
	占本功能反馈话语总量的百分比（%）	100.00	/	/	/	100.00

语用功能	数量及占比	疑问方式	重复方式	复述方式	自陈方式	合计
表示纠正	数量（例）	/	/	/	48	48
	占本功能反馈话语总量的百分比（%）	/	/	/	100.00	100.00
合计	数量（例）	229	413	199	1452	2293

注：/ 表示为 0 的数据，下同。

可以看出，除了表示接收和表示说明这两种反馈话语使用了两种表达方式以外，其他功能的反馈话语均只使用了单一的表达方式。其中，表示求证和表示质疑功能的反馈话语都是通过疑问方式实现的；表示接收功能的反馈话语 33.04% 是通过重复方式实现的；表示说明功能的反馈话语 82.23% 是通过复述方式实现的；66.96% 的表示接收功能和 17.77% 的表示说明功能，以及表示明白、补充、赞同和纠正这六种功能的反馈话语都是通过自陈方式实现的。这说明，在 C- 口语面试中，反馈话语的大部分语用功能都能通过自陈方式得以实现（共 1452 例），这也就很好地解释了表 4-1 中为何有多达 63.32% 的反馈话语采用的是自陈方式。

二、从语言形式看反馈话语的功能实现路径

实现反馈话语的语用功能离不开特定的语言形式作为载体。不同的语言形式对语用功能实现所起到的作用可以通过表 4-5 来显示。

表4-5　反馈话语的语言形式对语用功能实现的作用

语用功能	数量及占比	拟叹词	实词	短语	超短语	合计
表示接收	数量（例）	837	106	307	/	1250
	占本功能反馈话语总量的百分比（%）	66.96	8.48	24.56	/	100.00

语用功能	数量及占比	拟叹词	实词	短语	超短语	合计
表示明白	数量（例）	/	265	95	/	360
	占本功能反馈话语总量的百分比（%）	/	73.61	26.39	/	100.00
表示求证	数量（例）	1	33	146	30	210
	占本功能反馈话语总量的百分比（%）	0.43	15.71	69.52	14.29	100.00
表示补充	数量（例）	/	6	28	/	34
	占本功能反馈话语总量的百分比（%）	/	17.65	82.35	/	100.00
表示说明	数量（例）	/	3	221	18	242
	占本功能反馈话语总量的百分比（%）	/	1.24	91.32	7.44	100.00
表示赞同	数量（例）	/	63	67	/	130
	占本功能反馈话语总量的百分比（%）	/	48.46	51.54	/	100.00
表示质疑	数量（例）	1	3	14	1	19
	占本功能反馈话语总量的百分比（%）	5.26	15.79	73.68	5.26	100.00
表示纠正	数量（例）	/	13	35	/	48
	占本功能反馈话语总量的百分比（%）	/	27.08	72.92	/	100.00
合计	数量（例）	839	492	913	49	2293

由表可见，在表示接收的反馈话语中，66.96%由拟叹词构成，24.56%由短语构成，8.48%由实词构成，没有超短语的形式。由于表示接收是反馈话语最基本的语用功能，也可以说是最低级别的语用功能，所以其功能的实现并不需要像超短语这样复杂的语言形式。

在表示明白的反馈话语中，73.61%由实词构成，26.39%由短语构成，没有拟叹词和超短语的形式。表示明白的语用功能比表示接收的语用功能稍进一步，其语言形式的构成也不复杂，比较简短，但是需要蕴含少量的语义内容。由于拟叹词所能传达的语义内容有限，同时测试场合也不宜使用丰富的拟叹词，因此拟叹词在这一功能反馈话语的实现过程中未能发挥作用。

在表示求证的反馈话语中，仅有一例是由叹词"嗯"加疑问语调构成的，有15.71%的反馈话语由实词构成，而有超过80%的反馈话语由语言形式相对较长的短语和超短语构成。表示求证的语用功能比表示接收和表示明白的语用功能级别要高，因此，该类反馈话语比前两类反馈话语的语言形式复杂。

在表示补充的反馈话语中，只含有两种语言形式，即17.65%由实词构成，82.35%由短语构成，二者之间的差距印证了越是具有较强语用功能的反馈话语，其语言形式越复杂。由于该类反馈话语的功能是补充应试者未完成的话轮，那么拟叹词由于不具备实在意义因而无法作为载体出现；而超短语又因为形式过长，会有面试官代替应试者完成测试任务之嫌，从而有违测试的公平性要求，因此超短语形式未被采用。

在表示说明的反馈话语中，大约99%由短语和超短语构成，只有1.24%由实词构成。这一鲜明反差主要是由说明这一语用功能造成的。如前所述，拟叹词不具备实在意义，单个实词所包含的信息量也不能满足说明的需要，因此能承担说明功能的语言形式就只有形式相对复杂的短语和超短语了。

在表示赞同的反馈话语中，只有实词和短语这两种语言形式，占比分别为48.46%和51.54%。卡方检验表明，这两种语言形式在该类反馈话语中的出现频次不存在显著差异（显著水平为0.01的卡方值是6.84，本次检验的卡方值为0.123）。理论上来说，反馈话语的语用功能越强，语言形式越复杂。表示态度的反馈话语属于强语用功能类型，但是语言形式简单的实词占比与语言形式比较复杂的短语占比大体相当。其原因主要是面试官大量使用实词"对"来表示赞同，虽然形式简单，但其本身词义就能传达明确的肯定语气。可见态度的表达常常和词语本身的语义相关，除了用复杂的语言形式表明态度之外，还要看某些词本身是否天然地具有表示态度的语义。

在表示质疑的反馈话语中，只有一例是由叹词"嗯"加疑问语调构成的，它和"实词＋疑问语调"一起占据了不到22%的比例，而超过78%都由短语和超短语构成。之所以有少量的拟叹词和实词来传达这一强语用功能，恐怕是因为疑问语调为这些简单的语言形式增加了额外的意义，使其具备明确的质疑功能。

在表示纠正的反馈话语中，只有实词和短语这两种语言形式，分别占该类反馈话语的27.08%和72.92%。由于拟叹词意义空灵，因此面试官不能用其来纠正应试者的错误。而超短语形式复杂，如果使用它来纠正错误，会有教授知识的感觉，也有违测试目的。因此，面试官选择了实词和短语形式来实现纠正错误的反馈功能。

以上我们对反馈话语四种语言形式在八种次级语用功能的实现路径上所起的作用进行了细致分析。为了更好地说明反馈话语的语言形式与语用功能实现之间的关系，我们将表示接收的语用功能称为较弱的语用功能，将表示理解和表示态度的语用功能称为较强的语用功能。由于拟叹词和实词在长度上基本相仿，因此统一归为简单的语言形式；而短语和超短语都具有两个以上词的长度，因此统一归为复杂的语言形式。语言形式与语用功能实现之间的关系如表4-6所示。

表4-6　反馈话语的语言形式和语用功能实现之间的关系

语言形式	数量及占比	较弱语用功能（表示接收）	较强语用功能（表示理解、态度）	合计
简单的语言形式（拟叹词和实词）	数量（例）	943	388	1331
	占具有本语言形式反馈话语总量的百分比（％）	70.85	29.15	100.00

语言形式	数量及占比	较弱语用功能（表示接收）	较强语用功能（表示理解、态度）	合计
复杂的语言形式（短语和超短语）	数量（例）	307	655	962
	占具有本语言形式反馈话语总量的百分比（%）	31.91	68.09	100.00

由表可见，语用功能较弱的反馈话语，其功能主要是通过简单语言形式来实现的（70.85%），复杂语言形式所承担的作用相对较小（31.91%）；而语用功能较强的反馈话语，其功能主要是通过复杂语言形式来实现的（68.09%），简单语言形式所承担的作用相对较小（29.15%）。

结合此前研究，我们可以得出如下结论：

（1）在 C- 口语面试中，反馈话语所具有的语用功能越强，其语言形式有可能越复杂。这也验证了前人的相关研究结论。

（2）反馈话语的每一个语用功能具体由哪些语言形式来实现，这是由该语用功能所发挥的具体作用和语言形式本身具有的意义共同决定的。

三、从语言环境看反馈话语的功能实现路径

实现反馈话语的语用功能离不开特定的语言环境。前文已述，有89.49%的反馈话语发生在应试者话轮完成后，只有10.51%的反馈话语发生在应试者话轮未完成时。反馈话语的初始语言环境、后续语言环境对语用功能实现所起的作用分别可通过表4-7、表4-8来显示。

表4-7　反馈话语的初始语言环境对语用功能实现的作用

语用功能	数量及占比	应试者话轮完成后	应试者话轮未完成时	合计
表示接收	数量（例）	1116	134	1250
	占本功能反馈话语总量的百分比（%）	89.28	10.72	100.00
表示明白	数量（例）	335	25	360
	占本功能反馈话语总量的百分比（%）	93.06	6.94	100.00
表示求证	数量（例）	195	15	210
	占本功能反馈话语总量的百分比（%）	92.86	7.14	100.00
表示补充	数量（例）	1	33	34
	占本功能反馈话语总量的百分比（%）	2.94	97.06	100.00
表示说明	数量（例）	217	25	242
	占本功能反馈话语总量的百分比（%）	89.67	10.33	100.00
表示赞同	数量（例）	127	3	130
	占本功能反馈话语总量的百分比（%）	97.69	2.31	100.00
表示质疑	数量（例）	18	1	19
	占本功能反馈话语总量的百分比（%）	94.74	5.26	100.00
表示纠正	数量（例）	43	5	48
	占本功能反馈话语总量的百分比（%）	89.58	10.42	100.00
合计	数量（例）	2052	241	2293

由表 4-7 可见，只有表示补充的反馈话语有 97.06% 发生在应试者话轮未完成时，而其他七种功能的反馈话语均只有约 10% 发生在应试者话轮未完成时，绝大部分都发生在应试者话轮完成后。不言而喻，表示补充的反馈话语一般应该出现在应试者话轮未完成的位置，这是该功能实现的首要条件，否则"补充"无从谈起。而其他功能的反馈话语最好在应试者话轮完成后再去实现，尽量避免在应试者话轮未完成时出现，这主要是为了遵守会话规则和礼貌原则。

表4-8 反馈话语的后续语言环境对语用功能实现的作用

语用功能	数量及占比	反馈话语后开启新话题	反馈话语后返还话语权	合计
表示接收	数量（例）	673	577	1250
	占本功能反馈话语总量的百分比（%）	53.84	46.16	100.00
表示明白	数量（例）	324	36	360
	占本功能反馈话语总量的百分比（%）	90.00	10.00	100.00
表示求证	数量（例）	54	156	210
	占本功能反馈话语总量的百分比（%）	25.71	74.29	100.00
表示补充	数量（例）	2	32	34
	占本功能反馈话语总量的百分比（%）	5.88	94.12	100.00
表示说明	数量（例）	81	161	242
	占本功能反馈话语总量的百分比（%）	33.47	66.53	100.00
表示赞同	数量（例）	72	58	130
	占本功能反馈话语总量的百分比（%）	55.38	44.62	100.00

语用功能	数量及占比	反馈话语后开启新话题	反馈话语后返还话语权	合计
表示质疑	数量（例）	/	19	19
	占本功能反馈话语总量的百分比（%）	/	100.00	100.00
表示纠正	数量（例）	10	38	48
	占本功能反馈话语总量的百分比（%）	20.83	79.17	100.00
合计	数量（例）	1216	1077	2293

由表 4-8 可见，表示接收的反馈话语有 53.84% 后面开启新话题，有 46.16% 将话语权又返还给应试者。卡方检验表明，表示接收的反馈话语对这两种后续语言环境的选择存在显著差异（显著水平为 0.01 的卡方值是 6.84，本次检验的卡方值为 7.373）。也就是说，表示接收的反馈话语容易出现在开启新话题的后续语言环境中。在表示明白的反馈话语中，90.00% 是用来开启新话题的，只有 10.00% 将话语权返还给了应试者，这说明表示明白的反馈话语更容易选择开启新话题的后续语言环境。在表示赞同的反馈话语中，55.38% 用来开启新话题，44.62% 将话语权返还给应试者。卡方检验表明，表示赞同的反馈话语对这两种后续语言环境的选择不存在显著差异（显著水平为 0.01 的卡方值是 6.84，本次检验的卡方值为 1.508），这说明表示赞同的反馈话语的实现对后续语言环境没有明显倾向性。

其余五种功能的反馈话语均倾向于选择返还话语权的后续语言环境。表示质疑的反馈话语虽然总数只有 19 个，但是全部将话语权返还给应试者，这说明面试官在质疑之后，是期待应试者有所回应的。表示补充的反馈话语中有 94.12% 将话语权还给应试者，这说明面试官帮助应试者完成其未完成的话轮，目的还是希望应试者可以继续说下去。表示纠正的反馈话语中有 79.17% 将话语权返还给应试者，同样表明面试官希望在自己的帮助下应试者可以继续往下说。表示求证的反馈话语中有 74.29% 将话语权返还给应试者，说明面试官大多期待应试者有所回应。表示说明的反馈话语中有 66.53% 将话语权返还给应试者，不如表示补充、纠正、质疑和求证功能的反馈话语在返还话语权方面的占比。这恐怕是因为，表示说明的反馈话语缺乏明显的目的性，既不像质疑、求证那样期待应试者给予回应，也不像补充、纠正那样为了辅助应试者表达，因此它对后续语言环境没有鲜明的倾向性。

根据上述研究结果，我们可以得出如下结论：

（1）反馈话语出现的初始语言环境对具体语用功能的实现有一定影响。除了表示补充功能的反馈话语绝大多数发生在应试者话轮未完成时之外，其他七种语用功能的反馈话语大都发生在应试者话轮完成后。

（2）反馈话语的后续语言环境影响着具体语用功能的实现。表示赞同的反馈话语对开启新话题还是返还话语权的后续语言环境没有明显偏好；表示接收、明白功能的反馈话语倾向于在开启新话题的后续语言环境下实现；表示质疑、补充、纠正、求证和说明功能的反馈话语则倾向于在返还话语权的后续语言环境下实现。

第六节　本章小结

一、主要结论

（一）反馈话语共有四种表达方式，分别是疑问方式、重复方式、复述方式和自陈方式，其中后三者属于陈述方式。研究表明，C- 口语面试的面试官主要使用陈述方式向应试者传递反馈信息，其中大部分反馈话语使用了自陈方式，复述方式和疑问方式使用得很少。

（二）反馈话语共有四种语言形式，分别是拟叹词、实词、短语和超短语。C- 口语面试中它们的使用频次由高到低依次是短语、拟叹词、实词和超短语。研究表明，反馈话语总的来说在语言形式上以简短为主。短语由于表义丰富且形式不太复杂而成为使用最多的语言形式，拟叹词由于形式简短且互动感强而常与其他语言形式搭配使用。

（三）反馈话语共有三种基本的语用功能，分别是表示接收、表示理解和表示态度，这三种功能是递进关系，其中后一种功能的反馈话语同时具备其前面的功能。表示理解的功能又包括表示明白、表示求证、表示补充和表示说明等四种功能；表示态度的功能还包括表示赞同、表示质疑和表示纠正等三种功能。所有次类功能相加总计八种。研究表明，反馈话语使用最多的大类功能是表示接收（54.51%），其次是表示理解（36.89%），最后是表示态度（8.59%）。比较八种次类功能的分布，除了表示接收的功能频繁使用之外，表示明白、说明和求证的功能也有一些使用，而表示补充、赞同、质疑和纠正功能的反馈话语使用得较少，这表明面试官测试过程中在尽量避免使用那些带有表示态度和帮助意味的反馈话语。

（四）反馈话语的语言环境分为初始语言环境和后续语言环境，其中初始语言环境是指反馈话语发生的具体位置，包括发生在应试者话轮完成后与发生在应试者话轮未完成时两种情况；后续语言环境是指反馈话语发出后的会话状态，包括开启新话题与将话语权返还给应试者两种情况。研究表明，绝大多数反馈话语发生在应试者话轮完成后，这是面试官遵守话轮转换规则和礼貌原则的表现。少数发生在应试者话轮未完成时的反馈话语均发生在应试者表达出现困难时，此时面试官反馈的目的或是帮助应试者完成话轮，或是用以转移话题，在全部语料中没有出现面试官突兀地打断应试者话轮而强行反馈的现象。研究还表明，一半以上的反馈话语发出后开启了新话题。接近一半的反馈话语发出后又归还了话语权，可见反馈话语在口语面试中主要发挥了保持当前话题的"黏合剂"作用和转移话题的"转换器"作用，这两种作用的分布大体相当。

（五）反馈话语的语用功能实现路径离不开表达方式、语言形式和语言环境的综合作用。研究表明，从功能实现的表达方式来看，表示求证、质疑功能的反馈话语都是通过疑问方式实现的，表示说明功能的反馈话语大多数是通过复述方式实现的，表示接收功能的反馈话语有些是通过重复方式实现的，除此之外，面试官反馈话语的大部分语用功能都能通过自陈方式得以实现。从功能实现的语言形式来看，语用功能较弱的反馈话语，其功能主要是通过拟叹词、实词等简单语言形式来实现的；语用功能较强的反馈话语，其功能则主要是通过短语、超短语等复杂语言形式来实现的。即反馈话语所具有的语用功能越强，其语言形式有可能越复杂。同时，反馈话语语用功能的实现是由其在语境中的具体作用及语言形式本身具有的意义共同决定的。从功能实现的语言环境来看，除了表示补充功能的反馈话语绝大多数发生在应试者话轮未完成时之外，其他七种语用功能的反馈话语大都发生在应试者话轮完成后。此外，表示赞同的反馈话语对开启新话题还是返还话语权的后续语言环境没有明显偏好；表示接收、明白功能的反馈话语倾向于在开启新话题的后续语言环境下实现；表示质疑、补充、纠正、求证和说明功能的反馈话语则倾向于在返还话语权的后续语言环境下实现。

二、应用启示

通过对 C- 口语面试中面试官反馈话语的语料分析和综合研究，我们发现面试官的反馈存在一些问题，对此我们提出相应的建议。

（一）从反馈话语的表达方式来看，面试官绝大多数时都使用陈述方式，少数时候使用疑问方式。这表明面试官能够意识到反馈时尽量不要扰乱应试者说话思路，尽量使用陈述方式简单附和，以鼓励应试者持续表达。但是语料分析发现，使用中还是存在一些不当的疑问方式，致使应试者被迫中断话语，反过来回答面试官的疑问。当然，有些疑问方式是无疑而问的反馈，无须应试者回答，但这种方式可以对中高级应试者使用，而对于初级水平应试者就要慎用。因为应试者常常判断不出是否需要回答，导致回答思路受到干扰，影响连贯表达。

（二）从反馈话语的语言形式来看，根据语料观察，与面试官个人风格有一定关系。有的面试官比较严肃、矜持，很少反馈，或者使用极简的语言形式进行反馈。对此，我们认为反馈可以增强互动性，减少紧张感，是会话交际的润滑剂，应该适度使用。同时，我们还提倡反馈的语言形式应该多样化，同样也是为了增强互动性，缓解紧张气氛。如果面试官只会用单调的"嗯""啊"等进行反馈，那么对话会显得僵硬、沉闷，应试者也可能会认为自己表现不佳，得不到面试官的积极回应。有的面试官则比较热情、健谈，积极提供反馈，而且倾向于使用较长的语言形式，这种做法我们认为也不宜提倡，过多、过长的反馈同样会影响应试者的自主表达，可能客观上会起到帮助应试者完成测试任务的作用，从而影响对应试者真实水平的评判。

（三）从反馈话语的语用功能来看，有些反馈存在使用不当之处。我们提倡面试官多使用表示接收、明白和说明的反馈话语，这有助于增强与应试者的互动，使应试者随时了解会话状态，从而有信心持续表达。其中，在表示说明时建议多采用复述方式，不要夹带过多自己的观点，这是一种既遵守测试要求又维系互动关系的反馈策略。同时，我们提倡尽量避免使用表示补充、赞同、质疑和纠正的反馈话语。补充功能的反馈话语带有明显的帮助意味，既干扰对应试者真实水平的评估，也不利于维护考试的公平性；赞同功能的反馈话语容易使应试者自以为表现良好，会对分数等级有不切实际的预估，因此仅适于教师在课堂上使用，而不宜在测试中使用；质疑和纠正这种带有否定功能的反馈话语容易引起应试者的紧张和不自信，尤其不宜在测试中使用。语料分析表明大多数带有否定功能的反馈话语是在纠正应试者的语言错误，这是课堂教师常用的反馈功能，而测试不以传授汉语知识为目的，所以应该谨防使用。总之，面试官在使用反馈话语时要尽量避免给应试者提供帮助或表明态度。

（四）从反馈话语出现的语言环境来看，反馈话语的出现要时机恰当，尽量避免在应试者话轮还未完成时就插入反馈，因为这会干扰应试者的思路连贯，也有违礼貌原则；但是当应试者表达出现困难时，适度地进行反馈有助于推动会话进程。此外，反馈话语发出之后，是将话语权归还应试者，还是重新开启新的话题，面试官应视情况而定，不能随意。一般来说，当应试者不需要面试官引导就可以很好地就某一任务或话题进行作答，而且该任务和话题还有继续完成的必要时，面试官就应该只发表反馈，不夺取话语权；当面试官认为应试者就某一任务或话题已说出足量的话语，或者当面试官认为有必要让应试者就某一话题进行深入探讨，或者当面试官认为应试者受语言水平或认知水平所限经过努力确实难以完成某一任务或话题时，面试官在说出反馈话语之后，应该顺势转移话题，开启新的话题。

（五）从反馈话语的功能实现路径来看，面试官实现具体反馈功能时有以下参考策略。

1. 在表达方式上，实现反馈话语功能的陈述方式还比较单一，自陈方式是使用最频繁的，重复方式其次，复述方式最少。由于复述方式既不是简单的字面重复，又不是完全自主组织话语，而是对应试者话语的意义进行重申，所以难度适中，不仅能实现最基础的表示接收功能，还可以实现更高级别的表示理解功能，所以建议增加复述方式的使用。

2. 在语言形式上，当表示接收功能时，目前主要由拟叹词和短语来实现，还有少量实词，没有超短语。由于接收功能最为简单，拟叹词是最为高效的实现形式，同时为了避免单调，不妨再增加实词和短语的使用。当表示明白功能时，目前使用的都是实词和短语形式。超短语因形式复杂不宜采用；但是少量拟叹词搭配语气和体态语也可以很好地表达明白功能，在不破坏测试庄重氛围的情况下不妨选择性使用。当表示求证、质疑功能时，目前绝大多数都采用短语和超短语形式加疑问语调，极少数采用了叹词"嗯"加疑问语调或者实词加疑问语调。不管采用哪种形式，要以清楚明确地表明疑点为基准，只有让应试者知晓求证或质疑的疑点所在，应试者才能给予针对性回应。当表示说明功能时，几乎都是使用短语和超短语这类能表达丰富信息量的语言形式，实词只有自身词义蕴含欲说明的信息时才能使用，否则会让应试者不明就里。当表示补充功能时，语言形式越短越好，目前面试官主要使用短语形式和少量实词形式，避免使用超短语形式，否则会有面试官代替应试者完成测试任务之嫌。表示赞同、纠正功能的反馈话语由于带有明确表态意味，在测试中应尽量避免使用，如果遇到极特殊的情况需要采用，也要尽量使用简短的语言形式，避免教师角色的代入。总之，面试官反馈时欲实现的语用功能越简单，所采用的语言形式越趋向简短；反之，语用功能越复杂，采用的语言形式也往往越复杂。

3. 在语言环境上，就初始语言环境而言，出于礼貌原则的考虑，除了表示补充功能的反馈话语可以选择在应试者话轮未完成时出现之外，其他语用功能的反馈话语应尽量选择在应试者话轮完成后出现。就后续语言环境而言，当表示接收、明白功能时，其后更多的是开启新话题，或者说，当面试官想转移话题时，可以先发出表示接收、明白功能的反馈，然后再开启新话题；当表示质疑、补充、纠正、求证和说明功能时，其后更多的是返还话语权，也就是说面试官不想抢夺话轮，只是鼓励应试者继续谈话；当表示赞同功能时，其后既可以开启新话题也可以返还话语权。

总之，面试官在测试中要根据会话进程灵活选择和使用反馈话语，使其成为推动面试官和应试者积极互动的润滑剂，而不是阻碍双方良好互动的绊脚石。同时，更为重要的是，反馈话语的使用要积极为实现测试目标服务，而不应成为测试目标实现中的阻碍。

第五章

面试官话语修正研究

第一节 概 述

一、研究目标

在面试官与应试者面对面交谈的第二语言口语考试中，面试官是母语者，应试者是第二语言学习者，面试官话语不可避免地具有"外国人话语"的特征，面试官经常需要根据应试者的理解程度对自身话语进行修正或调整。这种为增加话语输入的理解度而进行调整所产生的话语，就是面试官的修正话语。"修正"（repair）是会话分析学派提出的概念，第一章做过简要介绍，面试官话语的修正主要是他人引发的自我修正话语类型。而从第二语言习得的视角来说，则是输入调整问题。可以说，面试官话语输入的可理解程度是决定口语测试任务难度和测试效果的关键因素，当交流受阻时，面试官如何进行话语修正以提高面试官话语输入质量，就成为一个非常值得探讨的课题。而在对外汉语口语教学与口语测试领域，有关这一课题的研究并不多见。本章围绕面试官话语修正，主要研究以下几个问题：

1. C- 口语面试中面试官的话语修正如何界定？
2. C- 口语面试中的"输入"如何界定？其构成要素是什么？
3. C- 口语面试中的面试官话语修正具有什么效用？

4. 影响面试官话语输入可理解性的因素有哪些？

5. 提高面试官话语输入可理解性的修正策略有哪些？

6. C- 口语面试的面试官话语修正存在哪些问题？有何改进建议？

二、理论和研究综述

（一）可理解输入与互动理论研究

语言输入问题是第二语言习得领域颇受关注的课题。第二语言习得研究认为：没有语言输入，语言习得就不会发生。存在两种不同的语言输入环境：一是单向的语言输入（input），即提供给学习者的单向的语言信息，学习者没有机会交流；二是双向的互动（interaction），即学习者有机会与他人进行语言交流。在这两种输入环境里，母语者为了让学习者理解输入的话语，常常对话语进行调整，这种对外国人说的为了促进理解而调整了的话语一般被称作"外国人话语"（foreigner talk），其目的是为学习者提供"可理解输入"（comprehensible input）。（王建勤，2009：180-181）

关于语言输入与互动研究的一个重要理论假设就是 Krashen（1985，转引自王建勤，2009：183）的"语言输入假设"（input hypothesis）。他认为，可理解输入是第二语言习得发生的充要条件和基本动因。但他没有说明怎样提供可理解输入。另一个重要理论假设就是 Long（1983）的"互动假设"（interaction hypothesis）。他丰富和发展了 Krashen 的"语言输入假设"，加深了对语言输入本质的认识，认为仅仅考察单向的语言输入是不够的，应高度关注母语者和学习者的互动过程。当双方进行意义沟通时，母语者提供的语言输入在本质上发生了变化，主要表现在语言形式和话语结构、功能这两方面的调整。他认为，这种语言输入越多就越具有可理解性，越有助于语言习得发展。

许多研究者对"外国人话语"的语言形式特点进行过研究。一方面，对语言要素的特征进行分析：在语音上，主要具有放慢语速、发音清楚、停顿、重音及夸张等特点；在词汇上，偶尔使用来自其他语言的词汇、近义词替换、释义等方式；在句法上，有省略、扩展、替换或重置等特点。另一方面，对语言调整的性质进行归纳，即语言形式的三种调整方式：简化、规范化和繁化。"简化"调整是指使语言输入的形式简单易懂；"规范化"调整是指选择最基本、最规范的结构；"繁化"调整则是采取迂回或附加的方法，使语言形式增加了过多冗余成分而复杂化。尽管"繁化"调整可以通过增加冗余度，如重复、解释、利用同义词等，来促进语言输入的可理解性，但如果语言调整后的难度超过了学习者水平，将无助于输入的理解。（王建勤，2009：186-189）

上述研究都是强调语言形式的调整有助于获得可理解输入。然而，Long（1983）发现，可理解输入仅仅靠语言形式的调整是远远不够的，事实上，话语结构和功能的调整更为常见和重要。他特地用"语言输入调整"（modified input）这一概念来指代语言形式的调整，而用"互动调整"（modified interaction）这一概念来指代话语结构和功能的调整。他通过实验分析表明，当母语者与非母语者交际遇到困难时，双方更多地采取诸如重复、确认、理解检查、请求澄清等话语策略，通过调整互动话语结构来实现意义的沟通，获得可理解输入。

总之，已有研究表明，无论语言输入调整（语言形式调整）还是互动调整（话语结构调整）都有助于输入的可理解性。这些研究成果成为我们研究面试官话语输入理解度的一个重要理论基础。尽管 Long（1983）认为，互动调整更有助于语言输入的可理解性，并且在口语面试中通过面试官与应试者的互动交流效果也一再证实了这一点，但本研究的意图是探测影响输入理解度的主要因素，更多的是从任务设计者或面试官单向的输入设计着眼，因此，有关话语结构的互动调整不作为我们的研究重点。

（二）会话修正机制的研究

会话分析领域首次关注了话语的"修正"现象，并对话语修正的机制展开了初步的研究。最主要的研究成果就是根据话语修正的引发者和修正者的关系，将话语修正行为分成了四种基本类型，在此基础上研究了四种类型的修正发生在会话中的位置规则，揭示了四种修正行为的选择等级原则，对此第一章已简略提及。会话分析学派提出的"修正"概念，以及对修正行为类型和等级的研究，给本研究提供了基本的研究视角和理论依据，我们拟在下一节详细阐述。

由于会话分析学派目前对修正的关注主要集中在形式和结构层面，而对修正是如何产生的、修正的效果及修正的手段等问题还缺少深入细致的研究，这为我们留下了较大的研究空间，本章试图就修正行为的上述关键问题进行深入探索。

此外，为本研究提供理论和方法借鉴的还有其他相关研究成果，比如语言测试领域关于测试方法的相关理论，话语分析领域关于语篇衔接手段的相关理论等，为行文方便起见，将在下文适当章节进行评述。

三、研究思路

（一）研究语料

本章抽取了 2008 年 4 月和 10 月举行的两期考试、46 场面试的转写语料，应试者都是韩国某驻华公司员工，年龄在 24 至 43 岁之间，男28 人，女 1 人。其中，有 17 名员工先后参加了两次口语面试。两次获证情况是：专业级 2 个，A 级 2 个，B 级 6 个，C 级 4 个，D 级 7 个，E 级 19 个，F 级 6 个。主、副面试官共有 8 位，基本都参加了这两次面试。这些面试官在引导技术和评分上都具有丰富的经验，测试进程和评分都严格按照 C- 口语面试规定的步骤和标准进行。

关于面试官的输入话语，我们只考察旨在询问新信息（焦点信息）、具有启发和引导性质的提问话语，不包括具有回应、附和作用的反馈话语。如第三章所述，提问话语的语言形式未必就是疑问句。同时，虽然都是提问话语，在测试中的功能是不同的。有的是体现任务主旨的核心式提问话语；有的是为引导或深化核心式提问而提出的一系列铺垫性问题或追踪性问题，即辅助式提问话语。当然，我们只关注提问话语的理解度，并不关心其在会话中的地位。比外，由于我们意在考察面试官输入话语的修正情况，所以，我们从全部提问话语中又筛选出对同一问题进行了两次或多次提问的所有修正前后的提问话语及其应答语作为最终的分析对象。约 17 万字的语料经过上述筛选过程后，最终进入分析的样本连提问话语带应答话语共计 62142 字。

（二）研究步骤

1. 本章以第二语言习得的"可理解输入与互动"理论、会话分析的修正机制、语言测试及话语分析等相关研究成果作为理论基础，对面试型口语考试中面试官输入话语的修正情况、修正效果及影响话语输入理解度的主要因素和话语修正的措施手段等进行深入探究。

2. 在对"修正"和"输入"进行理论界定之后，首先提出了研究假设。即话语修正有利于产生可理解输入；修正后的输入话语有望使应试者输出话语与输入问题的相关度增加，或许还能增加输出话语的长度；语言形式和话语功能是影响输入理解度的主要因素，增强输入可理解性的话语修正手段主要也应从这两方面入手。

3. 基于面试实测语料，运用统计分析和对比分析等手段，分别就面试官话语修正的相关度效应和长度效应、影响输入理解度的关键要素、增强输入理解度的修正手段等问题检验各项研究假设。

4. 基于上述研究结果，总结汉语作为第二语言口语测试中面试官话语修正的模式和存在问题，对面试官话语修正策略提出相关建议。

第二节　修正及输入的界定

一、修正的定义及行为类型

修正是会话分析学派提出的重要概念，又称为补救或修补，是指当会话中出现问题（包括口误、话语内容上的错误、对方没有听清或误解等）时交际者采取一定的办法解决这些问题。修正是会话中的常见现象。修正的对象未必就是错误，比如当对方没有听明白时，说话者再用一个常用词替换一个生僻词，或者增加例子或背景信息等进行辅助说明等，都算修正。会话分析学派将修正分成了四种行为类型。

（一）自我引发，自我修正

即发话人要求修正，又由发话人自己完成修正。

例 5.1：

面试官：好。那：我很想知道，你：在中国工作，啊，你不是去年来中国的吗？我想知道，你，每天，在公司里面工作，你一天的（·）情况，你早上，中午，晚上，你怎么到公司的，回家做什么，一天的情况。你：能不能介绍一下，你一天的工作和生活呢？

应试者：哦。对不起，请再说一遍。

面试官：啊，我想请你介绍一下你每天的工作和生活情况，比如，你每天几点上班，工作时都做什么？几点下班，回家都做什么？

应试者：啊，一般的情况，我……（347 字）

第 1 个话轮中面试官多次自我引发、自我修正。自我引发是受到自我监控机制的指引，意识到表述不甚成功，而自觉产生修正意愿。该例中面试官自我修正的次数太多，影响了话语的连贯性和流畅性。

（二）他人引发，自我修正

即听话人要求修正，发话人完成修正。

上例中面试官的第 1 个话轮不流畅，也冗长，应试者没能抓住疑点，于是提出疑问。面试官在第 2 个话轮中进行了修正，删除了冗余成分，使话语清晰流畅，于是应试者理解并做出长段回答。这就是应试者要求修正、面试官完成修正的用例。

（三）自我引发，他人修正

即发话人要求修正，听话人完成修正。

比如应试者常常说着说着找不到合适的词，这时可能会请求面试官提词儿，"老师，那个怎么说"，这就是应试者自己引发，面试官帮助修正。

（四）他人引发，他人修正

即听话人要求修正，听话人完成修正。

比如应试者常常说的词不恰当，面试官发现了，主动帮应试者改成正确的词。当然，一般来说，面试官应该尽量避免帮应试者修正错误。

会话分析的研究表明，在上述修正行为类型中存在着选择的等级，其中，自我引发、自我修正是最优先的修正等级，接下来是自我引发、他人修正，他人引发、自我修正，他人引发、他人修正，选择等级渐次降低。选择等级越高的修正行为类型，其礼貌程度越高；反之，选择等级越低的修正行为类型，其礼貌程度越低。特别是"他人引发、他人修正"这一行为类型，一般有损发话人的面子，所以通常具有不合意结构所具有的一些标记。

在母语者与第二语言学习者的会话中，如果母语者的话语超出了第二语言学习者的理解程度，学习者的谈话就会受阻，这时学习者常常会要求母语者解释所说话语的含义，或者会出现谈话迟疑或答非所问的现象。学习者的这种表现可以作为一种信号，即要求母语者修正话语，以增强话语理解度。母语者如果接收到这种信号，一般就会对说过的话语进行修正，调整话语的内容或形式，以适合学习者的语言理解水平。这一过程反映的是"他人（学习者）引发、自我（母语者）修正"的行为类型。这一修正类型普遍存在于母语者与第二语言学习者的交际中。

在 C- 口语面试中，"他人引发、自我修正"同样也是最常见的修正行为类型。当面试官对应试者所说的话语超出了应试者理解程度而致使交流受阻时，面试官一般要对话语进行调整，这种为增加话语输入的理解度而进行的调整，就是面试官的话语修正。从会话分析的视角来说，主要是他人引发的自我修正。当然，在口语面试中也存在其他类型的修正行为，比如例 5.1 中第 1 个话轮出现了多次面试官的自我引发、自我修正。但是，根据口语面试的会话特点和测试需求，我们集中研究面试中普遍存在的"他人（即应试者）引发、自我（即面试官）修正"的面试官话语修正，而对其他修正类型不予关注。也就是说，本章提到的面试官话语修正特指由应试者引发、面试官完成的话语修正，本研究所提出的假设和所得出的结论也仅适用于这一类型的话语修正。

二、输入的定义及构成要素

在口语测试中，所谓"输入"（input）是指将测试任务呈现给应试者的语言或非语言材料，它是口语测试任务的载体，是对应试者最直接的刺激（stimulus）。如果没有输入，则任务无法传递，口语测试也就不可能发生；如果输入不当或难以理解，则任务也难以被充分传达并有效完成。可以说，输入是口语测试发生的必要条件，而可理解性输入则是保障口语测试顺畅实施、促成应试者有效完成测试任务的基本前提。特别是在面试型口语考试中，输入主要表现为面试官话语，由于输入—输出的频繁互动，面试官话语输入的可理解程度尤其成为决定口语测试任务难度和测试效果的关键因素。因此，如何增强口语面试中面试官话语的输入理解度，是提高面试官引导技术必须关注的课题。要探讨这个课题，首先需要了解"输入"的内涵及构成要素。在第二语言教学和语言测试界，对于"输入"及其构成要素，不同研究者赋予其不同含义。

（一）Davis 的相关界定

Davis 等（2002：83）区分了语言教学和语言测试中的"输入"，前者是指学习者看到或听到的所有语言；而后者是指测试任务中看到或听到的刺激材料（stimulus material），这个刺激材料可以是语言形式（比如从一个词、一个语句，到一段较长的话语），也可以是非语言形式（比如一套图画或图表）。在 Davis 等（2002：189）看来，"刺激材料"是指应试者需要对其做出反应的作为测试题目（item）或测试任务（task）一部分的材料，既包含输入的语篇，也包含问题（questions）本身。这个输入的语篇，我们的理解是说明任务的情境、要求等的背景材料和提示材料。至于那些向应试者说明测试如何操作、测试构造、时间分配等信息的试卷上的"指令"（instructions），Davis 等（2002：206）

将其归纳为"测试组织",而不是"刺激材料"或"输入"。

（二）Bachman 的相关界定

Bachman（1999）认为输入是非常重要的测试方法因素,其构成要素见表 5-1。

表5-1　输入的构成要素（Bachman，1999：119）

输入（input）	输入形式（format）	信道channel（听，看）	
		方式mode（接受性）	
		形态form（语言，非语言，兼有）	
		媒介vehicle（现场，录音，兼有）	
		语言（母语，目的语，兼有）	
		测试问题的标示（明确的，一般的）	
		速度	
	语言性质（nature）	长度	
		命题内容	词汇（使用频率，专业化程度）
			语境化程度（嵌入式/缩减式）
			新信息的分布（紧凑型/发散型）
			信息类型（具体/抽象，肯定/否定，事实/反事实）
			话题（topic）
			体裁（genre）
		结构组织	语法
			衔接与连贯
			修辞性组织
		语用特征	施为性语力（illocutionary force）
			社会语言学特征（sociolinguistic characteristics）

输入的形式要素一经确立，通常就无须变动，而输入的语言要素则每次考试都需重新设计。语言要素包含输入语言的长度（一个词、一句话或一个语篇）、命题内容、结构组织、语用特征等四个方面。其中，命题内容又析出词汇、语境化程度、信息、话题、体裁等维度。结构组织即有关话语的形式组织，包括语汇、衔接与连贯、修辞性组织等方面。语用特征包括施为性语力和社会语言学特征，前者即语言的以言行事的功能，后者则包括方言或变体、语域（正式或非正式）和自然得体性等（Bachman，1999：140-142）。总之，在 Bachman 看来，"输入"的内涵十分丰富，几乎就等同于任务的形式和内容。

（三）李筱菊的相关界定

李筱菊（1997：408）认为，产出性技能（写和说）的测试试题，由三个要素构成：情景、馈入（input）和输出（output），试题本身的设计，就是这三部分的设计。她将"情景"从"馈入"中分离出来，特指为应试者进行口头表达提供的交际情景材料，"馈入"则是为应试者进行口头表达提供的内容材料。而在 Davis 和 Bachman 看来，这两种材料都属于应试者接收到的关于任务的材料，都属于"输入"。因此，李筱菊的"输入"之义专而狭，Davis 和 Bachman 的"输入"之义大而广。

（四）本章的界定

在上述说法基础上，本章对输入及其构成进行了如下界定：输入是指口语测试中提供给应试者的关于测试任务的具体材料。输入的形式要素包含信道、形态、媒介、语种、速度等。输入的语言要素包含语言的长度（词或短语、句子、语段、语篇等）、词汇（低频词/高频词）、句法和语篇结构（语序、成分关系、结构完整性、衔接与连贯等）、语用特征（话语功能、社会语言学特征）等。输入的信息要素包含焦点信息（体现话题和体裁等核心内容，包含疑点的具体问题）和语境信息（指作为任务的背景环境、铺垫性信息而呈现的材料，提供任务的背景、原因、目的、对象、身份、角色等情景信息，辅助问题自然提出、帮助应试者理解任务要求从而做出符合交际情景的回答）、支持信息（指提供给应试者的关于话题知识、输出内容和方法步骤等的相关提示材料，包括语言材料、图画或图表资料、实物、动作、内容范围和说话提纲等）这两类重要的辅助信息。

由于输入的形式要素一经确立就保持一定的稳定性，所以对口语测试任务设计而言，输入的语言要素和信息要素是影响输入可理解性的最主要因素。本章即从这两方面来探讨影响话语输入理解度的因素和相应的修正话语输入的手段。

第三节　话语修正的效用

一、研究设计

面试官对话语进行修正的目的是为了增强话语输入的理解度，为此，评价修正话语的效用也应以话语输入理解度是否提高作为唯一标准。

对话语输入理解度的衡量，我们拟选择应试者输出的有效话语长度及与输入问题的相关度这两个指标来衡量。所谓有效话语长度是指一次回答中去掉重复、填充性词语之后的输出话语总字数，同时忽略在应试者回答过程中面试官的重复、澄清、肯定等意在鼓励应试者继续谈话的各种插话。但是，是不是应试者输出话语越长，就表示输入话语的可理解性越高呢？显然不是。回答内容的多少跟提问内容和方式是有关系的。比如，开放式问题理应比封闭式问题的回答内容多。不过，对于同样的问题，面试官可能以不同的形式问了两次，如果应试者在两次回答中的有效话语长度不同，则很有可能有效话语越长表明理解度越高。但是，也有可能较长的回答却没有切题，较短的回答却很充分。面对这种情况，我们就需要结合相关度指标来评价。

所谓相关，是指输出话语是针对输入问题的疑点所进行的回答，能够提供疑点所要求的未知信息，弥合信息差。在评价输入理解度时，不能仅仅根据答语的长度，还应看其是否切题并提供了未知信息。若答语与问题充分相关则赋值 2 分，不相关或没听懂则赋值 1 分，部分相关则记为 1.5 分，而若是充分回答了疑点，但又继续引发出其他相关内容，则记为 2.5 分。例如：所提的问题是"你喜欢夏天吗？"，疑点是"是否喜欢"。如果回答为"喜欢"，就是充分相关（2 分）；如果回答是"喜欢。因为我喜欢夏天去海边游泳。……"除了就疑点进行回答之外，又额外回答了喜欢的原因，而这原因也是与话题相关的（2.5 分）。再如，问题是"你为什么觉得汉语难？你是什么时候开始学汉语的？"如果回答"我是去年学汉语的"，则视为只回答了一个疑点，即部分相关（1.5 分）。根据语用学的会话"合作原则"，答语不充分和答语过量都是不遵守"合作原则"的表现，因为在日常会话中，提问的目的一般都是寻求新信息，是真正的有疑而问。但在口语面试中，答语过量的回答则一般是受到鼓励和欢迎的。因为口语面试所有提问的目的都是引发应试者说出足够多的话语以供评分，并非真的要索求新信息，因而对合作原则和答语意义的关注并不是首要的。

概而言之，本研究衡量输入理解度的评价指标及量化记分方法如下：

（1）相关度指标。当输出话语与输入话语的相关度记为 2 和 2.5 分时，则表明输入理解度高；相关度为 1.5 分时，则表明输入理解度较低，当然，也有可能是应试者不愿多说或不能多说，并非没有充分理解；如果相关度为 1 分时，则多是没有理解或没听懂。

（2）长度指标。在对答语长度进行统计分析时，以有效话语的实际字数来记分。在同一个问题的两次或多次提问下，疑点没有改变，只是提问方式或辅助信息等改变了，则有效应答话语字数越多，输入理解度可能就越高。一般来说，应该是第二次或最后一次提问的理解度最高，当然，也有多次提问一直未被理解只得放弃提问的情况。

在这两个指标中，相关度是比较适切的评价维度，因为应试者话语只要与输入的提问话语相关就说明理解了提问话语，否则就很可能没有理解。长度是疑似的评价维度，它可能会间接反映理解度，也可能根本就与理解度不相关，这正是我们要检验的问题。除了这两个指标之外，一般评价应试者口语表现的三个维度——准确度、复杂度、流利度，由于都不如相关度与输入理解度的关系直接，所以我们都不予考虑。

运用 SPSS17.0，我们分别统计输入话语修正前后的答语长度差异与相关度差异是否显著，从而得出修正后话语是否对输入理解有效，以及效果是否显著。在此基础上，我们进一步分析影响输入理解度的因素，归纳话语修正的方法路径。

二、样本筛选结果

在 46 份语料中，有 36 份语料含有符合上述研究条件的输入修正话语，话语修正的次数共计 141 次。话语修正次数在各等级的分布情况如表 5-2 所示。

表5-2　话语修正的语料分布

等级	总份数	话语修正份数	话语修正次数	平均次数
F	6	6	45	7.5
E	19	17	62	3.26
D	7	4	16	2.29
C	4	2	5	1.25
B	6	5	8	1.33
A	2	1	3	1.5
专业级	2	1	2	1
总计	46	36	141	3.07

从话语修正在各个等级分布的情况来看，等级水平越高，话语修正的频次倾向于越低。换句话说，水平越低则输入不理解的概率就越高。比如，在专业级里平均一个应试者就只有 1 次输入理解障碍问题，而且从具体回答来看，应试者并不是对原始输入完全没听懂，而是回答的信息不足，相关性不充分，记为 1.5 分，所以主面试官再次提问，引导回答更为充分。而在最低级 F 级，每一个应试者平均有 7.5 次输入理解障碍问题，最主要的原因是应试者只能听懂很有限的简单词句，同时听力反应也很慢，基本不能对话交际。这说明，造成输入可理解性差的一个

重要因素是应试者的语言水平，我们所说的某个提问话语的可理解性不高，未必就是提问话语本身不好，而很可能是应试者的理解水平有限。由于在口语面试中，主面试官对应试者的水平探查需要过程，不可能每个提问话语都恰好在应试者理解能力范围之内，所以才需要话语修正，而修正话语的目的就是使提问话语符合应试者的语言理解水平。而面试官的能力，也主要就体现在对应试者水平的迅速体察、判断，并据此修正话语输入方法的效果和效率上。

三、修正对应试者话语长度的影响

141 次输入话语修正前后的应试者话语长度统计结果见表 5-3。

表5-3   话语修正前后应试者话语长度（n=141）

应试者 话语长度	平均数	标准差	配对样本 T检测值	自由度	显著性水准 （双侧）
调整前答语长度	14.07	36.43	-6.936	140	.000
调整后答语长度	83.26	114.66			

可见，面试官话语修正后的应试者答语平均长度远远大于修正前的答语长度。T 检验结果表明，该差异具有统计学上的显著性。这表明面试官话语修正后应试者的话语明显增多，可以认为修正后的话语输入可理解性得到显著提高。

四、修正对应试者话语相关度的影响

141 次输入话语修正前后的应试者话语相关度统计结果见表 5-4。

表5-4   话语修正前后应试者话语相关度（n=141）

应试者 话语相关度	平均数	标准差	配对样本 T检测值	自由度	显著性水准 （双侧）
调整前答语相关度	1.04	0.14	-19.852	140	.000
调整后答语相关度	1.77	C.43			

可见，面试官话语修正后的应试者答语平均相关度大于调整前的答语平均相关度。T 检验结果显示，该差异具有统计学上的显著意义。这说明修正后的面试官话语大大增加了应试者答语的相关度，同样表明修正后话语输入的可理解性得到很大提升。

上述研究结果表明，36 份语料中，141 次修正后的面试官话语普遍都是有效的，即对输入理解起到了积极作用，表现在应试者话语的相关度普遍提高，长度也显著增加。

第四节　话语修正的引发因素

我们知道，当应试者出现输入理解障碍时，面试官需要进行话语修正。话语修正的引发源自输入理解性差。探讨面试官话语修正的引发因素，实际上就是探讨影响面试官话语输入理解性的因素。前文已述，对口语面试中的任务设计来说，输入的语言要素和信息要素是影响面试官输入理解性的最主要因素。本章即从这两方面来分析影响话语输入理解性的因素或者说话语修正的引发因素。

我们将 141 次话语修正前的提问话语视为缺乏理解性的提问话语。对这些修正前的提问话语，我们结合初始答语情况，从语言形式、信息内容两方面对其理解性差的原因进行了分析，进而归纳影响输入理解性或引发修正的主要因素及其表现。

一、语言形式

在语料观察基础上，我们从词汇、句式、语篇三个层面对输入的语言要素进行了分析。其中，词汇层面主要包括难词和易混淆词的考察，句式层面主要包括复杂句、长句、非规范语序句和成分缺省句的考察，语篇层面主要包括对语段长度、散句数量、话语结构层次、冗余话语数量等方面的考察。

分析结果表明，难词是影响输入理解性最重要的语言因素（44%）；其次是语段长、散句多（18%），复杂句、长句（15%）及非规范语序句（13%）；再次是话语结构层次不清（11%）和冗余话语多（10%）；最后是成分缺省句（7%）和易混淆词（3%）。整体来说，引起输入理解障碍而引发话语修正的因素主要是词汇因素（47%），接下来是语篇因素（39%）和句式因素（35%）。

二、信息内容

根据语料，我们从辅助信息和焦点信息两个层面对输入的信息要素进行了分析。其中，辅助信息主要包括对语境信息和支持信息的考察，焦点信息主要包括对提问方式和疑点的考察。

分析表明，疑点不清晰明确是影响输入理解性最重要的信息因素（31%），支持信息不足也是一大原因（28%）；除此之外的影响因素还有提问方式过于宽泛（18%）、语境信息难理解（10%），以及语境信息不足（5%）。整体来说，焦点信息因素（49%）和辅助信息因素（43%）都较多地引起了输入理解障碍，同为引发话语修正的重要因素。

以上我们简要介绍了 C- 口语面试中面试官话语修正的引发因素，相关数据可见表 5-5。由于影响输入理解性的因素（话语修正的引发因素）和增强输入理解性的手段（话语修正的手段）是密切联系的两个问题，所以，我们拟在第五节把这两个问题结合在一起详细分析。

第五节　话语修正的实现路径

上一节我们分析了话语修正的引发因素，本节我们将结合各类引发因素探讨话语修正的实现手段，也就是增强输入理解性的手段。

我们将 141 次话语修正后的提问话语视为理解性强的提问话语。对这些修正后的提问话语，我们也将结合其答语情况及修正前的提问话语特征，从语言形式、信息内容两方面对修正手段进行分析，进而归纳增强输入理解性或面试官自我修正的策略方法。

表 5-5 一并呈现了我们对 141 次修正前后的提问话语进行定性归纳和定量统计的结果。

表5-5　话语修正的引发因素及修正手段

话语修正的引发因素及表现		话语修正的实现手段		
因素	表现	具体方法	性质	其他
语言形式	难词（62/44%）	简单同义词替换或简单语句释义，同义反复，增加冗余度（61/43%）	繁化	完全重复（37/26%）、减慢语速（128/91%）、运用重音或拉长音等强调（107/76%）、动作提示（6/4%）
	易混淆词（音似、多义）（4/3%）			
	复杂句、长句（21/15%）	拆解成多个简单句、短句（19/13%）	简化	
	非规范语序句（18/13%）	调整语序（15/11%）	规范化	
	成分缺省句（10/7%）			
	语段长、散句多（25/18%）	减少、合并，突出主干句（25/18%）	简化	
	话语组织结构层次不清晰（16/11%）	调整句间关系，增强组织连贯性和逻辑性（13/9%）	规范化	
	冗余话语多（14/10%）	去掉冗余成分（14/10%）	规范化	

表中"语言形式"下含"词汇""句式""语篇"三类

续表

话语修正的引发因素及表现			话语修正的实现手段		
因素		表现	具体方法	性质	其他
信息内容	辅助信息	语境信息	多或难理解（14/10%）	减少陈述或换成简单陈述（12/9%）	简化	完全重复（37/26%）、减慢语速（128/91%）、运用重音或拉长音等强调（107/76%）、动作提示（6/4%）
			缺少（7/5%）	增补（7/5%）	繁化	
		支持信息	多或难理解（0）	减少陈述或换成简单陈述（0）	简化	
			缺少（40/28%）	增补（39/28%）	繁化	
	焦点信息	提问方式	宽泛、开放度高（25/18%）	变换提问方式，减少开放度；或提供提示信息限定回答范围（25/18%）	繁化	
		疑点	不清晰，不突显，书面化不理解（44/31%）	强调或重申疑点，或将疑点信息置前，改变语序，或附提示信息（42/30%）	繁化；非规范化	

一、语言形式

根据 141 次话语修正前后的语料，我们从词汇、句式、语篇三方面来详细描述影响输入理解的语言形式因素的表现，话语修正也主要从这三方面入手。

（一）词汇

1. 难词

所谓难词是相对于应试者水平来说的，超出了应试者语言水平的词对应试者来说就是难词。在我们的语料样本中，难词是影响输入理解的最重要因素（44%）。当面试官发现出现难词障碍时，通常话语修正的手段就是同义词替换或者用简单的词句迂回地解释，有时还会举例说明。这样一来，修正后的话语常常增加了很多简单的词句，甚至一连几个同义词句并列，语言的冗余度增加了，语言长度增加了，同时难度却降低了。这种修正手段就是"繁化"。例如：

例 5.2：

面试官：你跟中国的同事在一起相处的时候，大家相处得怎么样？

应试者：相处？

面试官：＝大家的关系怎么样？

应试者：啊，一般，平时我很喜欢（0.0）跟别的人（2.0）中国人很韩国人我很喜欢交流。……

由于"相处"一词超出了应试者水平，所以理解出现障碍。面试官换成了短语"大家的关系"来迂回地解释，应试者恍然大悟，做出了319 字的大段相关回答。再如：

例 5.3：

面试官：你喜欢、你喜欢度假吗？

应试者：度假？

面试官：＝度假就是出去休息，喜欢吗？比如像图片中的他们一样，不喜欢？

应试者：＝不喜欢。

应试者不明白"度假"一词，面试官用简单同义词句"出去休息"来替代，同时又举例说明，应试者于是顺利领悟，做出相关回答。又如：

例 5.4：

面试官：那么呃你觉得（0.0）一个人要在工作中和别人合作得很好，这样的一个人他需要什么样的一个素质？

应试者：素质我不明白，素质（0.0）要求？

面试官：对，你觉得什么样的人能跟别人在工作上很好地合作？

应试者：我跟别人在工作的时候最重要的是重要的是信用，我能不
　　　　能相信别人是最重要的，医为每一个每一个人之间的关系
　　　　是基本关系的基础，是不是信用我一直想这样……

应试者不明白"素质"一词，直接询问，面试官换用一个意义相近的语句来替换，应试者立即明白，做出 71 字的相关回答。

2. 易混淆词

在输入话语中有时含有语言特征相近的词句，比如音义相同或相近、多义词等，这些词本身就容易造成混淆和误解，即使水平较高的应试者可能也会有误听现象。针对这种情况，一个常见的话语修正手段是用重音强调易混淆词，另外就是用同义词或简单词句迂回解释等，往往带来了句子冗余度的提高，也是"繁化'。例如：

例 5.5：

面试官：你们在讨论问题的时候肯定会有意见不一样的时候，这个
　　　　时候你通常是怎么做的呢？

应试者：（以前）不一样的时候？

面试官：意见不一样的时候。

应试者：嗯：（2.8）我就是……

这里由于"意见"和"以前"发音相似，应试者造成混淆，主动要求澄清，面试官又重新修正话语，用重音强调了"意见"的发音，应试者立即明白，回答出 82 字的相关话语。再如：

例 5.6：

面试官：你对你自己现在的生活满意吗？

应试者：生活？

面试官：＝嗯。

应试者：生活？生活什么意思？

面试官：就是，你对你每天在、在这个北京，这样的，你对你在北
　　　　京的情况，你满意吗？

　　应试者：情况？

　　面试官：＝嗯。

　　应试者：清华大学？我不知道。清华？

　　面试官：不是，不是。就是你觉得北京好吗？

　　应试者：啊，北京，清华？哦，我喜欢北京生活。

　　面试官：喜欢北京生活？

　　应试者：＝嗯，我喜欢北京生活。……

　　这段对话首发问语中的"生活"一词应试者没有明白，面试官修正提问话语后改换成"情况"，结果这一词语更难，应试者听成了"清华"，这是音相近引起的混淆。最后面试官换成了最简单的问句"北京好吗"，应试者听懂了，说出了 118 字的较长段的相关回答，竟然反复用了"生活"一词，说明对该词并不是不会，只是没有听懂。再如：

例 5.7：

　　面试官：那你工作之余有的时候出去度假，有过这样的经历吗？

　　应试者：manager，经理的意思。我的我的我的（1.0）职位（0.0）是经理。

　　面试官：你有没有过休假（0.0）这样的经历？在中国有没有休假？度假，出去度假，比如说出去十五天？一个月？可以自己出去玩一玩？有过这样的情况吗？

　　应试者：啊对，我去年（0.0）夏天（0.0）去青岛。……

　　这里由于"经理"与"经历"发音近似，造成误解。面试官调整后用了几个简单句，一是解释"度假"义，一是将"经历"换成"情况"，用整体的句义来解释首发问。再如：

例 5.8：

　　面试官：在家里你和你夫人谁教育孩子的时候多？

　　应试者：睡觉？

　　面试官：谁（·）教育孩子的时候多？

　　应试者：啊，我工作的时候，妻子养育孩子的时间多……

应试者将首发提问话语里的"谁教育"听成了"睡觉"，这是音同造成的误解。修正话语时，面试官通过拉长音断开了"谁"和"教育"，应试者听懂了，做出了 49 字的相关回答。

总体来说，词汇上出现的影响理解的原因有两个：一是难，一是混淆。解决手段除了重复、重音强调之外，主要就是采用同义词替换、简化词句、举例等迂回解释，从语言形式上看往往句式增多，长度增加，属于语言的"繁化"。

（二）句式

1. 复杂句、长句

当输入的句式结构比较复杂，或者句子比较长，超出了应试者的语言水平，或者应试者一时听力反应不过来，则容易造成理解障碍。针对这种情况，面试官修正话语时一般把结构复杂的句子拆解成若干简单的句子，或者将长句改成短句。这样，从句法结构和单句长度来看，是进行了"简化"，但有时可能会造成分解后整体语言的长度增加。因此，该简化未必是文字减少了，而是句法结构简化了。例如：

例 5.9：

面试官：你现在能不能介绍一下你当年是怎样（·）从学校毕业以后去找 - 找工作，包括你是怎么到现在这个公司的，你把这个前前后后的一段经历给我介绍一下好吗？

应试者：嗯：：以前我在：韩国的时候，我……

由于面试官输入的句子比较长，句式结构复杂，应试者可能没理解，回答了几句不相干的话。于是面试官进行打断，修正输入的话语。

例 5.10：

面试官：我想知道你是怎么找到现在这份工作的？你把找工作的过程告诉我，好吗？

应试者：呵呵，……

面试官修正后的话语让应试者理解了，回答出 116 字的相关答语。

所谓的复杂句也是相对于应试者水平而言的。对于初学者来说，即使很简单的句子也会造成理解障碍。比如，下面是面试官与某 F 级应试者的一段对话。

例 5.11：

面试官：＝女的？多大年纪？

应试者：多大年纪？

面试官：＝年纪多大？

应试者：\\ 多大？\\

面试官：\\ 是、是 \\ 老人吗？

应试者：多大？哦：

面试官：你的、你的老师，嗯：是老人还是年轻人？

应试者：（3.0）哦，不知道怎么讲……

为了询问年龄，面试官共用了四种方式进行提问，第一次修正先是变换语序；第二次修正由开放的特指问（"多大"）变成较封闭的一般疑问句（"是老人吗"），应试者只需回答是或不是，难度降低；第三次修正，除了语速更慢、一字一顿、重复、拉长音之外，由一般疑问句换成了提示作用更强的选择疑问句"是老人还是年轻人"，同时，补全句子的主语成分（"你的老师"），构成了一个完整的问句。但是，上述四次输入都未能让应试者理解，以失败告终。看来，应试者所学词句实在有限，基本不能听话和对话，听力反应也极慢。联系到目前的汉语课程设计，如果问成"她今年多大了？"应试者有可能会听懂，因为这句问话一般是在初级口语教材的头几课就会学到的。

2. 非规范语序句

在口语交际中，由于交际的即时、不假思索，常常会说出不符合语法的句子，比如不完整的句式结构和不规范的语序等。由于应试者平时在课堂上学到的大都是完整、规范的书面化语句，对口语化词句适应性差，所以有时会对面试官的口语化语句不理解。这其中，语序的不规范引起的理解障碍是比较常见的。在这种情况下面试官一般只需调整成正常语序即可，这是"规范化"原则。例如：

例 5.12：

面试官：做什么呢，你自己具体是？

应试者：我、我的具、具体？

面试官：＝对。你自己具体做什么？

应试者：嗯，每天写报告。

首发问语语序不规范，应试者要求澄清，修正后变成语序规范的句子，应试者就听懂了。

3. 成分缺省句

由于口语面试的特点，在有对话语境的情形下，面试官输入的语句常常会省略一些结构成分。加上口语的不规范特征，成分缺省句很常见。有时由于应试者对预设语境没有理解，不能自己补足缺省的结构成分，或者由于应试者受课堂教学所限，习惯于输入完整规范的语句，所以对成分缺省句不能理解。在这种情况下，通常需要补足所缺成分，调整成结构完整的句子。这也是"规范化"原则。事实上，很多时候句子结构并非不完整，而是省略了某些话语前提，而应试者自己又未能从对话语境中去领悟预设前提，于是产生了理解障碍。从句子构成来看，主要表现为限定成分缺省，由此造成表意不明。对此，一般需要补充说明话语前提或补齐限定成分，使语句更加严密、完善。如：

例 5.13：

面试官：嗯，潘家园，你在潘家园买了些什么？

应试者：＝啊？

面试官：你在潘家园买了什么东西？

应试者：啊，我买了很多书和 - 而且嗯（3.0）啊，……

首发问语其实是个成分齐全的句子，"什么"是宾语。但是应试者没有理解，修正后又补充了明确的宾语"东西"，"什么"变成了定语。

应试者于是理解并做出回答。再如：

例 5.14：

面试官： 什么最难？哪个最难？

应试者： 嗯：：我说的是，我的，嗯，我：（吸气）（3.0）我说的意
思，嗯，（3.0）表现不太难，表现不太难。

面试官： 那什么，在汉语里哪一部分你觉得是比较难学的？

应试者： 多、多方面，多、多方面。

首发的提问话语尽管主谓成分兼具，但提问范围所指不明。修正后
增加了状语，对提问范围进行了限定。再如：

例 5.15：

面试官： ＝那原因是什么呢？是因为你工作忙？顾不上照顾她还是
什么原因？

应试者： 什么？

面试官： 就是为什么她为什么精神（1.0）精神不好，得了抑郁症？

应试者： 抑郁症，那个在（0.0）一般的女生出生出生以后，她
（……）

首发提问话语的疑点以上文语境为预设前提，直接就"原因"提
问，而省略了"结果"前提。但由于应试者没能理解这一发问前提，所
以无法就原因回答。修正后交代了提问的"结果"前提，于是应试者恍
悟，对"原因"做了成功的说明。

（三）语篇

1. 语段长、散句多

有时面试官输入的语段较长，散句较多，造成应试者理解障碍。这
种情况下，修正话语时一般就是缩短语段，减少、合并次要语句，突出
主干句。这是"简化"原则。

2. 结构层次不清晰

当输入的语段较长时，语段的层次性就很重要，如果组织结构层次清晰，就有助于应试者的理解；而如果组织结构层次不清，就会带来理解障碍。在这种情况下，修正话语就需要加强句间组织衔接的连贯性、结构层次的逻辑性。这是"规范化"原则。

3. 冗余话语多

口语区别于书面语的一大特征是冗余成分多。一定程度的冗余成分，比如重复、同义语句反复等，有益于加强理解。但是，无意义的冗余成分也容易造成应试者抓不住重点，听力负荷重，对输入理解造成不同程度的干扰。对于这种冗余成分，修正时应该尽量去除，使语句精练、规范。这是"简化""规范化"结合的原则。

上述三种情况及其修正话语举例如下：

例 5.16：

面试官：好。那：我很想知道，你：在中国工作，啊，你不是去年来中国的吗？我想知道，你，每天，在公司里面工作，你一天的（·）情况，你早上，中午，晚上，你怎么到公司的，回家做什么，一天的情况。你：能不能介绍一下，你一天的工作和生活呢。

应试者：哦。对不起，请再说一遍。

面试官：啊，我想请你介绍一下你每天的工作和生活情况，比如，你每天几点上班，工作时都做什么？几点下班，回家都做什么？

应试者：啊，一般的情况，我……

首发提问话语的语段较长，由若干散句组成；由于提问比较随意，这些散句间衔接比较松散，结构层次不甚清晰；同时，无意义的冗余词句较多，语段拖沓、冗长。应试者没有抓住语段的主干，请求再说一遍。话语修正后的提问话语则缩短了语段，去除或合并了一些不必要的语句，突出了主要问题，使结构层次更清晰，主旨更突出，同时将冗余成分删除，语句更精练、高效，应试者因而理解并说出长达 347 字的相关回答。

Bachman（1999：130）认为，语言的组织特征包括语法、衔接、修辞组织等，其理论假设是语言样本越长，涉及的语言组织特征就越多，则输入理解越难。同样，在面试官输入语段时，语言的组织结构越复杂则输入理解越难；组织结构越简单、清晰则理解越容易。因此，尽管辅助信息的增多有助于输入理解，但是不能太长，否则会增加组织特征等的难度，使输入理解的难度增加。

二、信息内容

根据 141 次话语修正前后的语料，关于信息内容上的输入理解性影响因素，我们归纳为辅助信息、焦点信息两大类，话语修正也主要从这两大类入手。

（一）辅助信息

1. 语境信息

关于语境信息，影响理解的常见原因有两个：一个是语境信息量大或信息复杂，一个是语境信息量少或根本没有。前者会造成理解负担，或干扰对问题的注意，对此的修正一般就是减少信息量输入，换成简单的信息陈述，有时甚至去掉语境信息，此为"简化"；后者影响对问题的领会，对此的修正一般要增加语境信息描述，使应试者充分理解问题的要求和目的等，此为"繁化"。例如：

例 5.17：

面试官：现在我们经常听到关于什么城市是最适合人类居住的地方这样的评价，比如，在中国有些人认为青岛、珠海等地适合人们居住，北京、上海等地则不适合人们居住。很多人对这个问题都有不同的理解。那么，我很想知道，如果现在让你来选择一个适合居住的城市，你觉得，要评价适合人生活的地方，你会考虑哪些因素？

应试者：噢：

面试官：＝就是你觉得什么样的地方适合人们居住？

应试者：嗯：如果（0.0）中国的话，我推荐的是……

首发提问话语中的语境信息量较多，说明了问题提出的背景、缘由、目的等，而且语段较长。应试者对这些问题的理解需要一定的反应时间，所以沉吟良久。面试官修正话语时去掉语境信息，只提出焦点信息的提问，应试者据此回答出 186 字的相关话语。

从理论上来说，语境信息越多，语境化程度越高，则输入理解越容易（Bachman，1999：131）。但是，语境信息如果太多，也会增加理解负担，干扰对新信息的注意力；或者语境信息的语言形式复杂，也都会起副作用。因为"应试者解释输入的命题内容并对其做出反应的能力不仅由输入中的语境信息决定，还同时由受试者能够激活的相关信息量决定"（王振亚，2009：262）。

2. 支持信息

关于支持信息，影响理解的常见原因有两个：一个也是支持信息量大或信息复杂，一个就是支持信息量少或根本没有。对这两种原因的修正手段与对语境信息的修正相同，即"简化"和"繁化"原则的运用。在 141 次话语修正前后的语料中，尚未发现有支持信息量过大从而影响理解的例子；然而由于支持信息缺乏而影响理解的用例则很多（40例），相应的修正话语也很多（39 例）。例如：

例 5.18：

面试官：那个首尔这个是你一直生活的地方，那你能不能呃：简单地给我介绍一下首尔这个城市？

应试者：啊，怎么介绍？

面试官：比如说首尔有 - 这个城市里边有没有山啊，有没有河啊，有多少人口啊，等等等等，你把你知道的这个告诉我，好吗？

首发提问话语先以一句语境信息作为铺垫，紧接着就提出焦点信息，即问题，但是没有任何提示。应试者一时茫然，不知从何说起。于是修正话语时面试官提供了关于回答的范围、内容、角度的具体支持信息，引导应试者从山、河、人口等展开介绍。应试者也就有的放矢地从上述几方面回答出 130 字的相关话语。再如：

例 5.19：

面试官：呵呵，这个，先请你简单介绍一下你自己的情况。

应试者：＝自己的情况？

面试官：＝哎，你叫什么名字，工作，嗯（·）你学习汉语的情况，还有你感兴趣的话，嗯：或者愿意的话，你介绍你的家庭都可以，让我们多了解一下你。

首发提问话语没有提示信息，问题相对宽泛，应试者不知从何说起。再问就提供了具体的支持信息，提示了回答的角度和内容范围，所以应试者从这几个提示方面回答，进行了 310 字的相关表达。

关于提供支持信息的方法，从现有语料中我们主要归纳了以下几点：举例子；给出回答问题的具体范围或角度；变换提问方式；给出关键词引导；说出一半，让应试者补全另一半；动作提示；等等。

（二）焦点信息

1. 提问方式

提问方式在此主要指提问的开放度。提问开放会影响应试者的理解和话语表现，比如有关"什么""为什么""怎样、如何"等开放性的特指问，回答范围往往就比较宽泛；而有关"多少""谁"等封闭性的特指问，回答范围就相对固定，无须复杂思维。而一般疑问句、选择疑问句等也相对封闭，而且提问话语中就包含了关于答案的命题，前者只需就命题回答"是"或"不是"就可以做到充分回答了，后者只需从两个答案选项中选出一种，这些都无须对答案进行复杂构思，只需判断即可。特别是还有一种求证式提问，即直接把答案说出来，然后加上疑问词"是吗（吧）/对吗（吧）"，有时甚至就是一个陈述句直接加上疑问升调，这是最弱的发问，疑问程度最低，对方一般只需认可就行。当因为提问方式的开放度高而引起应试者理解困难时，修正的办法往往就可以变换提问方式，降低开放度；或者提供提示信息限定回答范围。这通常是"繁化"。对于水平低的应试者，以封闭问居多，疑点越少、越具体，则回答越容易。例如：

例 5.20：

面试官：主要是什么难？什么最难？

应试者：（3.0）什么最难？

面试官：是发音难还是汉字难？声母、韵母、声调、词汇还是语法，什么最难？

应试者：嗯，（3.0）都、都、都难。

首发提问话语是特指问，相对开放，应试者一时不得要领。面试官提供了一系列可供选择的支持信息，变换了提问方式，变成选择疑问句，引导应试者理解并做出相关回答。再如：

例 5.21：

面试官：奶奶在做什么？

应试者：奶奶——在做？

面试官：在干什么？\\奶奶……

应试者：\\在\\干什么？

面试官：嗯。在干什么？（加上姿势）

应试者：在干什么？

面试官：嗯。在走路，是吗？

应试者：在走路？

面试官：嗯。

应试者：哦，在走路，奶奶，哦，对，走路。

面试官：弟弟在干什么？

应试者：弟弟，干，啊，我不知道，我不知道，你教我个名字。

面试官：弟弟在……干什么？弟弟在说话，是吗？

应试者：嗯，对，弟弟……说话。

　　这是面试官与一个 F 级应试者就某张图片进行的对话。首发提问是一个开放问"奶奶在做什么？"，应试者没听懂。第二次发问将动词"做"换成"干"，仍没听懂。第三次重复问，并附加动作进行提示，无效。第四次换成求证问，直接把答案说出来"在走路"，然后向应试者求证，应试者这才恍然大悟。接下来问"弟弟在干什么？"应试者仍旧无法回答；于是，面试官干脆就直接换成求证问，提供答案"在说话"，应试者听懂了，做肯定回答。在这段对话中，面试官的提问由开放变成封闭，提问难度不断降低。

　　有学者研究影响听力理解的因素时，发现问题类型是影响外语听力理解的一个主要因素。问题类型是指根据听者的一般回答分类的问题范畴。有宏题（global question）和细题（local question）两个层面。宏题是指能使受试综合信息、推导结论、致力于因果关系和推理的问题，细题是指强调语篇中的具体细节（如人/物/地方名、时间等）的问题（黄子东，1998；黄福洪，2002）。这其实就相当于我们所说的开放问和封闭问，前者要求对方回答的内容相对宏观，构思相对复杂，所以难度相对大；后者要求对方回答的内容相对微观，构思也容易，难度小。

　　Wright（1987；转引自 Fulcher，2003）曾关注到任务的"交际潜能"，认为任务的开放程度不同，或定向的类型不同，则对完成任务结果的预见性也不同，不同开放度、不同定向类型的任务具有不同的"交际潜能"。在从"开放"到"封闭"这一任务链中，封闭性任务的结果几乎是可以事先决定的，有一个集中强调的重点目标；而开放性任务则有很多种可能的结果。同样，对封闭性问题应试者相对容易找准回答方向，尽管这类问题不易调动应试者的交际潜能，但应试者回答难度降低；而对开放性问题则应试者不容易找到回答方向，构思难度增大，虽然这类问题有助于调动交际潜能，但应对难度也大大增加。

　　2. 疑点

　　当疑点不够清晰时，或者疑点不够突显时，应试者往往会产生理解偏差。这种时候常常需要面试官强调、重申以突显疑点，或用重音，或将疑点信息置前，或改变语序（"非规范化"），或附提示信息（"繁化"）等。在 141 份语料中，由疑点不明晰带来的输入理解障碍共有 44 次（31%），相应的修正 42 次，比例很高。例如：

例 5.22：

面试官：＝谁教你呀？

应试者：谁教你？

面试官：谁教你！你的老师是谁？

应试者：嗯，啊：：我的老师名字?

面试官：嗯，学汉语的老师。

应试者：学汉语的老师？嗯：：（3.0）啊，伊静？（3.0）等一下。
　　　　（掏手机）

面试官：＝没事儿，你就说是男的女的就行了，我不要他的名字。

应试者：啊，对。女的，女的。

面试官的首发提问话语"谁教你呀"，以及后来改过来的提问话语"你的老师是谁"，这两个问题本身就旨意不明，应试者理解成问老师的名字是很正常的，而面试官又说不要名字，只需说性别即可，这就有些让人不知所问。其实，改成'介绍一下你的老师"恐怕更好些。再如：

例 5.23：

面试官：＝哦，那么你、在中国学汉语是利用什么时间学的？

应试者：（发愣，没听懂）

面试官：什么时间学汉语、在来中国之后？

应试者：我，去年，嗯，从、从星期二到星期五一个半小时。

首发提问话语应试者没听懂，有可能提问话语句式较长，疑点不清晰，于是修正时面试官对语序进行了改变，将疑点置于句前（"什么时间学汉语"），状语信息置后（"在来中国后"），这样就将重要信息放在最显要位置，避免在信息加工时次要信息与重要信息一起争夺应试者的注意。这种将正规语序改成不正规语序以突显疑点信息的例子比比皆是，属于"非规范化"。再如：

例 5.24：

面试官：你带她们去过海洋馆吗？

应试者：（头前倾）

面试官：海洋馆，动物园，去、去过吗？

应试者：（吸气）没去过。

首发提问话语是一个中规中矩的标准语句，应试者却没听懂。面试官不清楚是词汇听不懂还是不知所问，于是修正时首先对"海洋馆"进行解释，提示了其所在地"动物园"，并且变换了语序，将疑点中最重要的宾语信息（"海洋馆"）置于句首，引起注意。

此外，关于新信息的分布，Bachman（1999：135）认为有紧凑型和发散型两种，并假设高度紧凑的信息和高度发散的信息处理难度都大，正常语速的口语面试既不是紧凑输入，也不是发散输入，有助于输入理解。若口语面试中面试官提问的问题很多、很密，应试者没有时间准备和思考，需要即时应答，则也属于紧凑型输入，由于反应时缩短，难度明显增加。在口语面试中，面试官通常先以正常语速发问，然后根据应试者情况调整新信息的紧凑度，比如对低水平应试者发出的提问就相对减小紧凑度，而对水平高的应试者就增加紧凑度。如果是针对专业级水平的应试者，则有时会输入高度紧凑型的信息，以此增大难度。至于发散型新信息，则输入信息量越大，信息点越多，发散性程度就越高，难度就进一步增加。比如，让应试者就一段复杂材料发表看法就属于高度发散型信息，难度很大。

根据上述分析，我们从性质上归纳了面试官话语修正的两对原则：（1）从语言长度、数量、复杂度等角度来说，主要原则是"简化"和"繁化"。前者是为了去除干扰，后者是为了详细解释。（2）从语言规范程度的角度来看，主要原则是"规范化"和"非规范化"（比如调整语序）。前者是为了趋同应试者的学习特征，后者则一般是为了突显。具体如下：

（1）｛ 繁化 ⟶ 详细解释　（2）｛ 规范化 ⟶ 趋同
　　　 简化 ⟶ 去除干扰　　　　　 非规范化 ⟶ 突显

三、其他

从 141 次话语修正前后的语料来看，进行话语修正、增强输入可理解性的其他手段还有：完全重复（26%）、减慢语速（91%）、运用重音或拉长音等强调（76%）、明显表达意义的动作提示（4%）、不表达明显意义的手势等体态语提示等。其中，减慢语速、重音或拉长音、手势等手段几乎每一次都会配合语言形式、信息内容的话语修正手段来使用，以增强输入理解的效果。

第六节　本章小结

一、主要结论

（一）面试官进行话语修正对于改善应试者话语的质量具有重要功效。通过对 C- 口语面试实测话语栏本的分析，我们考察了话语修正前后的提问话语对应试者应答话语的影响，主要是对应试者答语的长度和相关度的影响。结果发现面试官修正话语可以导致应试者话语的长度显著增加，相关度显著提升。这表明面试官修正话语的输入可理解性显著增强，对应试者的测试表现起到了积极的促进作用。

（二）面试官修正话语要从语言和信息等引发修正的源头入手。本章通过定性分析和归纳的方法，从语言形式、信息内容这两方面来探讨影响输入理解性的分析性特征，也即引发面试官修正话语的主导因素。在众多影响因素中，词汇难度和疑点明晰度是最重要、最常见的两个分析性特征，其他特征对输入的理解性也都有不同程度的影响，正是由于这些因素的出现，才引发了面试官的修正话语。与此同时，我们也从语言形式、信息内容这两方面入手，根据引发修正的具体因素，来探讨面试官修正话语、增强话语输入理解性的具体手段。概括来说，面试官修正话语的基本手段从性质上来划分，主要有"简化"和"繁化"、"规范化"与"非规范化"等原则方法，这些都有望对提高面试官话语输入的理解度起到积极作用。

二、应用启示

通过对 C- 口语面试中面试官话语修正的研究，我们为面试官在口语面试中如何科学高效地修正话语、提升话语输入的理解度提出以下建议：

（一）在语言形式方面，当应试者出现理解障碍时，大多是由于面试官话语中的词汇较难、句式复杂或不规范、语篇层次不清等。对此面试官的修正话语一般要降低词汇难度，简化或规范句式，梳理语篇层次等，以适应应试者的语言理解水平。

（二）在信息内容方面，当应试者出现理解障碍时，一方面可能是由于缺少辅助信息或者辅助信息过多而干扰了应试者对焦点信息的注意和理解；一方面可能是由于提问范围过于开放或者疑点不明晰，而使应试者不得要领、无从回答。对此，面试官的修正话语一方面要调整辅助信息的长度，使之既能辅助应试者对焦点信息的理解，同时又不至于增加记忆负担；一方面要选择适合应试者水平的提问开放度，同时强调和突显疑点。

（三）面试官话语修正的基本原则是合理地"简化"或"繁化"，灵活地"规范化"或"非规范化"。"简化"的目的是为了去除干扰，比如去除冗余的话语、缩短句子的长度、减少句子的数量等；"繁化"的目的是为了详细解释，比如举例说明一个命题，或用迂回的表达方式替换一个难词等。"规范化"的目的是为了趋同应试者的学习特征，比如完善句子的成分、规范句子的语序等；"非规范化"的目的则往往是为了突显焦点，比如用倒装句的形式将焦点话题置于句首。面试官要根据具体情况，合理、灵活地运用这些原则手段。

　　总之，面试官在考试中要敏锐地捕捉应试者引发修正的信号，辨明影响输入理解的关键因素，进而有针对性地采取相应的话语修正手段。希望本章的研究，能使第二语言口语测试的任务设计者、面试官及口语教师科学地设计输入，理性地评估输入难度，迅速地辨别各种输入理解障碍和引发修正的因素，掌握各类话语修正的手段，从而增强输入的可理解性，提高第二语言口语测试和教学的效率、效果。

第六章

面试官话语引导技术

　　本书基于 C- 口语面试的真实会话语料，在会话分析、话语分析、语言测试、第二语言习得和教学、汉语本体研究等多学科理论和方法的指导下，从对答结构、提问话语、反馈话语、话语修正等方面专题研究了面试型口语考试的面试官话语模式，揭示了面试官话语的诸多特征和规律，发现了面试官话语存在的一些问题，并就面试官话语的改进策略进行了深入思考。本章在前面各章的研究基础上，试图从"应做"和"不应做"两个角度出发，系统总结面试官话语引导技术要领，力求为汉语作为第二语言面试型口语考试的组织实施提供可操作的指导依据。

第一节　对答结构的引导技术

　　表 6-1 归纳了对答结构的"应做"和"不应做"引导技术要领，其内涵、理据和具体操作办法在第二章有详细分析，此不赘述。

表6-1　对答结构的"应做"和"不应做"引导技术要领

对答结构类型			对答结构引导技术	
			应做	不应做
对答功能结构	主体性结构	询问类	询问—回答/拒绝/迟疑/搪塞/质疑	热身阶段完善致意、欢迎等对答结构，以亲切友好方式开场；结束阶段以询问短期计划方式自然过渡到告别序列前序列；反复评估阶段，引发多种对答功能结构类型；适当减少询问类引发语，增加陈述类引发语；尝试使用建议类引发语，甚至故意使用指责类引发语等，调动对方多种应对能力；引出新任务时，要求类与询问类搭配使用，以弱化考试指令；尽量淡化考试色彩，努力营造对等氛围，激发应试者积极互动、平等讨论；尽量避开个人话题
		陈述类	陈述—陈述/补充/肯定/质疑/确认/否定/提示	热身阶段致意类对答缺失；结束阶段祝愿类、感谢类对答缺失，省略了告别前序列结构；反复评估阶段引发的对答功能结构类型单调；反复评估阶段使用提示类结构；询问类对答结构使用频繁；用要求类结构直接提出新任务；提问涉及个人敏感话题，引发拒绝回答的不合意结构
	程序性结构	致意类	致意—致意	
		祝愿类	祝愿—感谢/祝愿/宽慰	
		告别类	告别—告别	
		感谢类	感谢—谦虚/感谢	
		要求类	要求—接受/推迟/搪塞/拒绝/质疑	
	随机性结构	介绍类	介绍—致意/欢迎	
		求助类	求助—提示/拒绝	
		提示类	提示—接受	
对答形式结构	毗邻式	毗邻双部式		用毗邻双部式推进一问一答；用毗邻多部式调整面试节奏；出现嵌入式、复杂式结构时立即协商调整会话；适度地反馈，促进对方话语输出	对答形式结构过于单一；一问一答式贯穿到底；综合式、复杂式大量出现，表明会话不畅
		毗邻多部式		
	嵌入式	单层嵌入式		
		多层嵌入式		
		毗邻与嵌入综合式		
		复杂式		

第二节 提问话语的引导技术

表6-2归纳了面试官提问话语的"应做"和"不应做"引导技术要领，其内涵、理据和具体操作办法在第三章有详细分析。

表6-2 提问话语的"应做"和"不应做"引导技术要领

提问和回答类型			提问引导技术	
			应做	不应做
面试官提问类型	提问形式	疑问式提问 是非式提问	高级考试中多使用陈述式提问；使用多样化的提问形式：初级考试增加选择式、特殊-正反式和祈使式提问，中高级考试增加陈述式提问和其他类提问；适当增加使用祈使式提问、特殊式提问和特殊-正反式提问这些区分度高的提问	提问话语形式单一；特殊式提问占比过大
		疑问式提问 选择式提问		
		疑问式提问 正反式提问		
		疑问式提问 特殊-正反式提问		
		疑问式提问 特殊式提问		
		陈述式提问		
		祈使式提问		
		其他类提问		
	提问功能	核心式提问	增加核心式提问的比重，特别是在中高级考试中	核心式提问使用过少，提问效率不高；大部分时间在辅助式提问，测试过程拖沓
		辅助式提问		
	提问开放度	封闭式提问	初级考试适当减少开放式提问，或将开放式提问分解成若干封闭式提问；中高级考试多使用开放式提问	各级考试都大量使用封闭式提问；初级考试中，很多开放式提问内容重复
		开放式提问		

续表

提问和回答类型	提问引导技术	
	应做	不应做
应试者回答类型 没有回答	了解禁忌和敏感话题；调整提问话语，增加理解度	提个人敏感话题；帮助应试者作答
回答不相关	在应试者完成语义相对完整的一段话后，在TRP处插话并引导	直接打断；迁就放任
相关不充分	继续追问、启发深入思考；多用陈述式提问的形式追问	不予追问
相关且充分	用后续提问自然过渡到新话题，后续提问方式或考逻辑，或考细节	另起炉灶，生硬转换话题
信息量过度	鉴别信息质量，有助于测评则不干预，无助于评估则适时打断，从过度信息量中寻找新疑点追问	直接打断；任由发挥

第三节 反馈话语的引导技术

表6-3归纳了面试官反馈话语的"应做"和"不应做"引导技术要领，其内涵、理据和具体操作办法在第四章有详细分析。

表6-3　反馈话语的"应做"和"不应做"引导技术要领

反馈话语类型			反馈引导技术	
			应做	不应做
表达方式	疑问方式		多使用陈述方式； 增加复述方式	表达方式单调； 较多使用疑问方式； 对初级应试者使用疑问方式
	陈述方式	重复方式		
		复述方式		
		自陈方式		
语言形式	拟叹词		语言形式多样化	语言形式单调； 多用较长的语言形式
	实词			
	短语			
	超短语			
语用功能	表示接收		多使用； 多使用重复方式； 增加复述方式的使用； 增加实词和短语的使用	单调使用某种语言形式； 采用复杂语言形式
	表示理解	表示明白	多使用； 增加复述方式的使用； 少量拟叹词搭配语气和体态语来使用	目前使用的都是实词和短语形式； 采用超短语形式
		表示求证	语言形式与疑问语调搭配使用	疑点不清晰
		表示补充	尽量避免使用； 必须补充则使用短语形式和少量实词形式	使用超短语形式
		表示说明	多使用； 增加复述方式的使用； 主要使用短语和超短语	使用语义不明朗的实词； 自陈方式中夹带过多自己的观点

反馈话语类型			反馈引导技术	
			应做	不应做
语用功能	表示态度	表示赞同	尽量避免使用	表扬应试者表现
		表示质疑	尽量避免使用； 清楚明确地表明疑点； 语言形式与疑问语调搭配使用	质疑语言错误
		表示纠正	尽量避免使用	纠正语言错误
语言环境	初始语言环境	应试者话轮完成后	在应试者话轮完成后再反馈	
		应试者话轮未完成时	当应试者表达出现困难时，适度反馈	除了补充功能之外，在应试者话轮还未完成时就插入其他功能的反馈
	后续语言环境	开启新话题	应试者受语言或认知水平所限确实难以完成某一任务时，反馈并开启新的话题； 先发出表示接收、明白功能的反馈，然后再开启新话题	生硬开启新话题
		返还话语权	应试者自主表达正在佳境且任务还有继续完成的必要时返还话语权	应试者就某一任务已说出足量话语时，仍返还话语权

第四节　话语修正的引导技术

表 6-4 归纳了面试官话语修正的"应做"和"不应做"引导技术要领，其内涵、理据和具体操作办法在第五章有详细分析。

表6-4 话语修正的"应做"引导技术要领

话语修正引发因素			话语修正引导技术	
因素		表现	应做	性质
语言形式	词汇	难词	简单同义词替换或简单语句释义,同义反复,增加冗余度	繁化
		易混词(音似、多义)		
	句式	复杂句、长句	拆解成多个简单句、短句	简化
		非规范语序句	调整语序	规范化
		成分缺省句	补全成分,完善结构	
	语篇	语段长、散句多	减少,合并,突出主干句	简化
		话语组织结构层次不清晰	调整句间关系,增强连贯性和逻辑性	规范化
		冗余话语多	去掉冗余成分	规范化
信息内容	辅助信息	语境信息 多或难理解	减少或换成简单陈述	简化
		语境信息 缺少	增补	繁化
		支持信息 多或难理解	减少或换成简单陈述	简化
		支持信息 缺少	增补	繁化
	焦点信息	提问方式 宽泛、开放度高	变换提问方式,减少开放度,或提供提示信息限定回答范围	繁化
		疑点 不清晰,不突显,书面化不理解	强调或重申疑点,或将疑点信息置前,改变语序,或附提示信息	繁化;非规范化
其他			完全重复,减慢语速,运用重音或拉长音等强调,动作提示等	

第五节　本章小结

　　本章立足于测试实践应用，在总结前面各章研究的基础上，尝试建立了汉语作为第二语言口语考试的面试官话语引导技术框架（表6-1、6-2、6-3、6-4）。该框架从对答结构、提问话语、反馈话语、话语修正等面试官引导技术的关键环节出发，从正反两方面归纳了各个环节面试官"应做"和"不应做"的技术要领。这只是一个初步的框架，相关技术要领还有待在测试实践中加以检验，面试官引导技术的其他方面也有待进一步研究。

结　语

　　面试型口语考试因其在测量语言交际能力方面的优越性，近些年在语言教学和测试领域得到快速发展，与此同时，面试官引导技术研究也提上了日程。面试官引导技术关系到口语面试的效度和信度，直接决定着口语面试的科学性和艺术性，其重要性不言而喻。然而，关于面试官引导技术的实践和研究都很薄弱，很多测试与教学机构意识到面试官引导技术培训的重要性，却不知从何入手开展培训，从何入手进行研究。现有的极其少量的实践材料和研究成果也大多是经验之谈，缺少理论和方法的支撑，没有找到合适的研究切入点。

　　本书认为，面试官引导技术主要体现在面试官话语的使用上，从面试官话语入手对面试官引导技术开展研究不失为一个可行的方案。由于该研究具有很强的跨学科性，其理论基础和方法论具有多元性，应该围绕具体问题，综合借鉴相关学科的理论和方法，在此基础上建立本研究自身的研究路线和内容框架。在这一研究思想的指导下，本书以 C- 口语面试为研究对象，综合借鉴了会话分析、话语分析、语言测试、第二语言习得等多学科的相关理论和方法，对面试会话结构、面试官提问话语、面试官反馈话语、面试官话语修正等进行了探索性研究，在此基础上尝试建立起汉语作为第二语言口语考试的面试官话语引导技术框架。

　　受时间、能力和材料的限制，本书所建立的面试官话语引导技术框架还只是一个雏形。这是一个开放的框架，需要在实践和研究中不断对其内容进行修正和填充。我们希望，经过长期系统、深入的研究之后，未来能够尽快建立一套科学性与操作性兼具的面试官话语引导技术手册及评价标准，用以指导和规范汉语作为第二语言的口语测试和教学实践。

参考文献

陈　超，2008. 论教师课堂反馈语对大学英语课堂互动的影响 [D]. 辽宁师范大学硕士学位论文.

陈　红，2003. 新闻访谈英语的文体研究——CCTV 国际频道新闻访谈英语的文体特征 [J]. 外语与外语教学（3）.

陈秋敏，2006. 家庭日常会话中的简短反馈语 [J]. 韩山师范学院学报（社会科学版）（1）.

代树兰，2007. 电视访谈话语研究 [D]. 上海外国语大学博士学位论文.

范文芳，马靖香，2011. 中国英语课堂上的 IRF 会话结构与交际性课堂教学模式研究 [J]. 中国外语（1）.

冯佼佼，2012. 任务类型对韩国应试者语言复杂性的影响 [D]. 北京语言大学硕士学位论文.

傅索雅，2002. 谈谈对外汉语教学中的课堂提问 [J]. 北京广播电视大学学报（1）.

高　艳，2008. 中文电视谈话节目支持性言语反馈会话分析 [D]. 东北师范大学硕士学位论文.

桂诗春，宁春岩，1997. 语言学方法论 [M]. 北京：外语教学与研究出版社.

郭小靓，2006. 谈话节目会话语用分析 [D]. 山东大学硕士学位论文.

何安平，1998. 英语会话中的简短反馈语 [J]. 现代外语（1）.

何自然，冉永平，2009. 新编语用学概论 [M]. 北京：北京大学出版社.

胡青球，埃德·尼可森，陈炜，2004. 大学英语教师课堂提问模式调查分析 [J]. 外语界（6）.

胡学文，2003. 教师话语的特征及功能 [J]. 山东外语教学（3）.

黄伯荣，廖序东，2002. 现代汉语（增订三版）[M]. 北京：高等教育出版社.

黄福洪，2002. 话题熟悉程度和问题类型对 EFL 听力理解的影响 [J]. 外语电化教学（1）.

黄国文，1988. 语篇分析概要 [M]. 长沙：湖南教育出版社.

黄　静，2007. 大学英语课堂交互中的教师反馈语研究 [D]. 中南大学硕士学位论文.

黄淑琴，2007. 中学语文阅读教学教师反馈话语研究 [D]. 暨南大学硕士学位论文.

黄晓颖，2004. 对外汉语教学的提问艺术 [J]. 中国科学教育（12）.

黄子东，1998. 话题熟悉程度、语言水平和问题类型对 EFL 听力理解的影响：一项基于图式理论和关联理论的实验研究 [J]. 现代外语（4）.

靳洪刚，2004. 中文教师提问能力的培训 [J]. Journal of the Chinese Language Teachers Association（10）.

李淑平，2009. 英语课堂互动中教师纠正反馈语和学生回应的研究 [D]. 东北师范大学硕士学位论文.

李　涛，李洪峰，2006. PETS 口试中的话轮分析 [J]. 语文学刊（教育版）(3).

李筱菊，1997. 语言测试科学与艺术 [M]. 长沙：湖南教育出版社.

李悦娥，范宏雅，2002. 话语分析 [M]. 上海：上海外语教育出版社.

梁　婷，2007. 美国医生与患者对话的会话分析 [D]. 吉林大学硕士学位论文.

廖美珍，2002. 问答：法庭话语互动研究 [D]，中国社会科学院研究生院博士学位论文.

廖秋忠，1992. 廖秋忠文集 [M]. 北京：北京语言学院出版社.

刘　虹，2004. 会话结构分析 [M]. 北京：北京大学出版社.

刘　静，2006. 英语会话中的反馈语 [D]. 浙江大学硕士学位论文.

刘晓雨，2000. 提问在对外汉语课堂教学中的运用 [J]. 世界汉语教学（1）.

刘运同，2007. 会话分析概要 [M]. 上海：学林出版社.

卢星辰，2009. 医患对话的会话分析 [D]. 山东师范大学硕士学位论文.

陆　萍，李知沅，陶红印，2014. 现代汉语口语中特殊话语语音成分的转写研究 [J]. 语言科学（2）.

吕叔湘，2004. 吕叔湘文集（第一卷)[M]. 北京：商务印书馆.

马欣华，1988. 课堂提问 [J]. 世界汉语教学（1）.

马玉红，2011. 口语考试中话题类型对初级应试者准确性的影响 [J]. 大众文艺
（1）.

聂　丹，2005. 言语进程中问语的选择 [J]. 中国社会科学（4）.

聂　丹，2007. 话题调控者的问语控制 [J]. 天津大学学报（社会科学版）(3).

聂　丹，2011a. 汉语口语能力的测与练 [J]. 现代传播（中国传媒大学学报）(1).

聂　丹，2011b. 面试型汉语口语测试的可理解性输入探析 [J]. 汉语学习（2）.

聂　丹，2012. 汉语口语测试任务难度影响因素探究 [M]. 北京：北京语言大学
出版社 .

聂　丹，2014. 面试官话语评价标准研究刍议 [J]. 中国考试（12）.

聂　丹，马玉红，陈　果，2016. 试论二语口语面试中考官的引导技术 [J]. 中国
考试（9）.

庞继贤，潘文红，2007. PETS-3 口试的会话分析 [J]. 外语与外语教学（10）.

亓　华，杜朝晖，2009. 中级汉语会话课提问策略研究 [J]. 汉语学习（5）.

祁　娟，2010. 对外汉语课堂教师提问探析 [J]. 科技信息（36）.

秦　娟，2008. 测试环境下中国英语学习者会话话语结构的研究 [D]. 扬州大学
硕士学位论文 .

邵敬敏，1996. 现代汉语疑问句研究 [M]. 上海：华东师范大学出版社 .

盛永生，2005. 电视谈话节目的话回类别与功用 [J]. 修辞学习（2）.

施　光,2004. 纠错与接纳：中学英语课堂研究[D]. 南京师范大学硕士学位论文 .

史　磊，2007. 医患会话特征研究 [D]. 吉林大学硕士学位论文 .

宋金元，2007. 会话结构研究及其对口语教学的启示 [D], 浙江大学硕士学位
论文 .

宋　晓,2008. 对外汉语教学中的会话结构意识研究[D]. 山东大学硕士学位论文 .

孙希臣，1999. 特殊会话衔接手段及其语用价值 [J]. 湖北师范学院学报（哲学社
会科学版)(2).

孙雁雁，2010. 初级留学生问句输出研究——基于建构主义理论指导的课堂对
话语料研究 [J]. 世界汉语教学（2）.

孙雁雁，2011. 汉语口语问答句衔接语模式研究 [M]. 北京：世界图书出版公司 .

孙倚娜，2003. 话语分析·电视谈话节目·口语教学 [J]. 外语与外语教学（10）.

谭晓云，2007. 会话分析与教学对话结构 [J]. 昆明师范高等专科学校学报（2）.

谭　玥，陈大明，2003. 论法庭盘问的会话结构和语用策略 [J]. 北京理工大学学报（社会科学版）（S1）.

陶红印，2004. 口语研究的若干理论与实践问题 [J]，语言科学（1）.

王保利，2011. 面试型口语考试中考官提示语的量对考生话语流利性的影响 [J]. 现代语文（语言研究版）（3）.

王建勤，2009. 第二语言习得研究 [M]. 北京：商务印书馆.

王一安，2009. 平等交互型口试的话轮模式分析 [J]. 杭州电子科技大学学报（社会科学版）（1）.

王银泉，2000. 教学方法和非语言因素对英语教学的影响——第33届IATEFL年会侧记 [J]. 外语教学与研究（4）.

王　莹，2006. 中文电视谈话节目的会话分析 [D]. 东北师范大学硕士学位论文.

王振亚，2009. 现代语言测试模型 [M]. 保定：河北大学出版社.

卫乃兴，2004. 中国学习者英语口语语料库初始研究 [J]. 现代外语（2）.

吴　平，2000. 反馈信号研究综述 [J]. 外语与外语教学（3）.

吴　平，2001. 汉语会话中的反馈信号 [J]. 当代语言学（2）.

萧国政，1992. 现代汉语非特指问简答式的基本类型 [J]. 语言学通讯（3-4）.

萧国政，1993a. 现代汉语非特指问简答式的类型选择 [J]. 语言学通讯（1-2）.

萧国政，1993b. 现代汉语非特指问简答式的技巧选择 [J]. 语言学通讯（3-4）.

辛　斌，苗兴伟，1998. 话语分析的两种方法论略 [J]. 四川外语学院学报（4）.

徐碧美，2000. 英语会话 [M]. 上海：上海外语教育出版社.

徐丽欣，2008. 对新闻访谈中主持人支持性反馈语的研究 [J]. 广西民族大学学报（哲学社会科学版）（S2）.

许　峰，2003. 大学英语课堂提问的调查与分析 [J]. 国外外语教学（3）.

许　苇，2007. 对外汉语初级阶段教师课堂提问研究 [D]. 广州：暨南大学硕士学位论文.

严辰松，高　航，2005. 语用学 [M]. 上海：上海外语教育出版社.

杨雪艳，2007. 外语教师课堂提问策略的话语分析 [J]. 中国外语（1）.

尹世超，2004. 说否定性答句 [J]. 中国语文（1）.

尹世超，2008. 应答句式说略 [J]. 汉语学习（2）.

于国栋，2003. 支持性言语反馈的会话分析 [J]. 外国语（上海外国语大学学报）（6）.

于国栋，2008. 会话分析 [M]. 上海：上海外语教育出版社.

余素青，2006. 法庭言语研究 [D]. 上海外国语大学博士学位论文.

曾　玉，2006. 对外汉语教师课堂提问的初步考察 [D]. 北京语言大学硕士学位论文.

张　斌，2003. 汉语语法学 [M]. 上海：上海教育出版社.

张国芳，余晓平，2000. 试论医务人员在医患交谈中的主导地位 [J]. 医学与社会（6）.

张厚粲，徐建平，2004. 现代心理与教育统计学 [M]. 北京：北京师范大学出版社.

张建强，2008. 基于语料库的现代汉语疑问句使用情况调查 [J]. 学术交流（8）.

张廷国，2002. 关于语言交际中反馈语支持的研究 [J]. 外语教学（6）.

张艳波，2005. 课堂师生互动对学生二语口语输出影响的研究 [D]. 吉林大学硕士学位论文.

赵　晨，2003. 基于语料库的 EFL 课堂会话中的修正片段研究 [D]. 华南师范大学硕士学位论文.

郑　浩，2009. 从顺应论的角度看大学英语课堂中教师的反馈策略 [D]. 吉林大学硕士学位论文.

郑家平，2006. 汉语学习者对重述反馈注意度的研究 [D]. 北京语言大学硕士学位论文.

郑远汉，2003. 问对结构 [J]. 语言文字应用（3）.

钟　玲，2005. 错误分析与反馈在英语学习中的作用 [D]. 山东大学硕士学位论文.

周翠琳，1997. 课堂提问刍议 [G] // 汉语速成教学研究. 北京：北京大学出版社.

周凤英，2009. 刑事庭审话语分析 [D]. 上海外国语大学硕士学位论文.

周　星，周　韵，2002. 大学英语课堂教师话语的调查与分析 [J]. 外语教学与研究（1）.

朱德熙，2007. 语法讲义 [M]. 北京：商务印书馆.

朱晓亚, 1995. 答句的语义类型 [J]. 语言教学与研究（3）.

朱晓亚, 1996. 试论两种类型的答句 [J]. 徐州师范学院学报（2）.

左　冰, 2004. 论课堂提问策略及其对学生英语口语的影响 [D]. 西北师范大学硕士学位论文.

ALLWOOD J, 1993. Feedback and language acquisition: feedback in second language acquisition[J]. Gothenburg Papers in Theoretical Linguistics, Vol. 68.

ALLWOOD J, NIVRE J, AHLSÉN E, 1992. On the semantics and pragmatics of linguistics feedback[J]. Journal of Semantics (9): 1-26.

ALLWRIGHT R, BAILEY K M, 1991. Focus on the language classroom[M]. Cambridge University Press.

ANTAKI C, YOUNG N, FINLAY M, 2002. Shaping clients' answers: departures from neutrality in care-staff interviews with people with a learning disability[J]. Disability & Society, 17 (4): 435-455.

ATKINSON J M, HERITAGE J (eds.), 1984. Structures of social action: studies in conversation analysis[M]. Cambridge University Press.

BACHMAN L F, 1999. Fundamental considerations in language testing[M]. Shanghai Foreign Language Education Press.

BARNES D, 1969. Language in the secondary classroom[M] // BARNES D, BRITTON J, TORBE M (eds.). Language, the learner and the school. Penguin.

BLOOM B S, 1956. Taxonomy of education objectives: the classification of educational goals. Handbook 1: cognitive domain[M]. Longman.

BODEN D, 1994. The business of talk: organizations in action[M]. Polity Press.

BROCK C A, 1986. The effects of referential questions on ESL classroom discourse[J]. Tesol Quarterly (1).

BROWN G, YULE G, 1983. Discourse analysis[M]. Cambridge University Press.

BURTON D, 1980. Towards an analysis of casual conversation[M]. Routledge and Kegan Paul.

CLANCY P M, THOMPSON S A, SUZUKI R, et al., 1996. The conversational use of reactive tokens in English, Japanese, and Mandarin[J]. Journal of Pragmatics (20).

CLAYMAN S E, 1988. Displaying neutrality in television news interviews[J]. Social Problems (4).

DAVIES A, BROWN A, ELDER C, et al., 2002. Dictionary of language testing[Z]. Foreign Language Teaching and Research Press.

DU BOIS J W, 1991. Transcription design principles for spoken discourse research[J]. Pragmatics (1): 71-106.

DU BOIS J W, SCHUETZE-COBURN S, CUMMING S, et al., 1993. Outline of discourse transcription[M] // EDWARDS J A, LAMPERT M D (eds.). Talking data: transcription and coding in discourse research. Lawrence Erlbaum Associates: 45-98.

DUNCAN S, 1973. Toward a grammar for dyadic conversation[J]. Semiotica (9): 29-46.

EDMONDSON W J, 1981. Spoken discourse: a model for analysis[M]. Longman.

ELLIS R, 1994. The study of second language acquisition[M]. Oxford University Press.

FULCHER G, 2003. Testing second language speaking[M]. Longman.

GORDON D, LAKOFF G, 1975. Conversational postulates[M] // COLE P, MORGAN J (eds.). Syntax and semantics, vol.3: speech acts. Academic Press.

GRICE H P, 1975. Logic and conversation[M] // COLE P, MORGAN J (eds.). Syntax and semantics, vol.3: speech acts. Academic Press.

HALLIDAY M A K, 1978. Language as social semiotic: the social interpretation of language and meaning[M]. Edward Arnold.

HALLIDAY M A K, 2004. An introduction to functional grammar (3rd ed.)[M]. Edward Arnold.

HE A, 1996. A corpus-based analysis of simultaneous speech in English conversation [D]. Ph. D. dissertation. Victoria University of Wellington.

HERITAGE J, 1984. A change-of-state token and aspects of its sequential placement[M] // ATKINSON J M, HERITAGE J (eds.). Structures of social action: studies in conversation analysis. Cambridge University Press: 299-345.

HOUTKOOP-STEENSTRA H, 2000. Interaction and the standardized survey interview: the living questionnaire [M]. Cambridge University Press.

HUNKINS F P, 1995. Teaching thinking through effective questioning[M]. Christopher-Gordon Publishers.

IANNUZZI J N, 1982. Cross-examination: the mosaic art[M]. Prentice Hall.

JACOBSEN D A, EGGEN P, KAUCHAK D, 1999. Methods for teaching: promoting student learning in K-12 classrooms [M], Prentice Hall.

JEFFERSON G, KORBUT A, SACKS H, et al., 1974. A simplest systematic for the organization of turn-taking for conversation[J]. Language, 50 (4): 696-735.

JINGREE T, FINLAY W M L, ANTAKI C, 2006. Empowering words, disempowering actions: an analysis of interactions between staff members and people with learning disabilities in residents' meetings[J]. Journal of Intellectual Disability Research (3).

JOHNSTONE B, 2002. Discourse analysis[M]. Blackwell.

KAUCHAK D, EGGEN P D, 1989. Learning and teaching[M]. Allyn & Bacon.

KATZ J J, POSTAL M, 1964. An integrated theory of linguistic description[M]. The MIT Press.

LABOV W, FANSHEL D, 1977. Therapeutic discourse: psychotherapy as conversation[M]. Academic Press.

LEECH G N, 1983. The principles of pragmatics[M]. Longman.

LEVIN T, LONG R, 1981. Effective instruction[M]. Association for Supervision and Curriculum Development.

LEVINSON S, 1983. Pragmatics[M]. Cambridge University Press.

LONG M H, 1983. Native speaker/nonnative speaker conversation and the negotiation of comprehensible input[J]. Applied Linguistics (4).

LONG M H, SATO C J, 1983. Classroom foreigner talk discourse: forms and functions of teachers' questions[M] // SELIGER H W, LONG, M H. Classroom oriented research in second language acquisition. Newbury House.

LYNCH T, 1991. Questioning roles in the classroom[J]. ELT Journal (45).

LYONS J, 1977. Semantics Ⅰ and Ⅱ [M], Cambridge University Press.

LYSTER R, 1998. Negotiation of form, recasts, and explicit correction in relation to error types and learner repair in immersion classrooms[J]. Language Learning (48).

LYSTER R, MORI H, 2006. Interactional feedback and instructional counterbalance[J]. SSLA (28).

LYSTER R, RANTA L, 1997. Corrective feedback and learner uptake: negotiation of form in communicative classrooms[J]. SSLA, 19 (1): 37-66.

MISHLER E G, 1975. Studies in dialogue and discourse: an exponential law of successive questioning[J]. Language in Society (4).

NUNAN D, 1987. Communicative language teaching: making it work[J]. ELT Journal (2).

NUNAN D, 1990. The questions teachers ask[J]. JALT Journal (12).

PEACOCK C, 1990. Classroom skills in English teaching: a self-appraisal framework[M]. Routledge.

PERROTT E, 1982. Effective teaching: a practical guide to improving your teaching[M]. Longman.

PICA T, LONG M, 1986. The linguistic and conversational performance of experienced and inexperienced teachers[M] // DAY R R (ed.). Talking to learn: conversation in second language acquisition. Newbury House.

QUIRK R, GREENBAUM S, LEECH G, et al., 1972. A grammar of contemporary English[M]. Longman.

RICHARDS J C, LOCKHART C, 1996. Reflective teaching in second language classroom[M]. Cambridge University Press.

RICHARDS J C, PLATT J, PLATT H, 2002. Longman dictionary of language teaching and applied linguistics[M]. Foreign Language Teaching and Research Press.

RICHARDS J C, RODGERS T S, 2000. Approaches and methods in language teaching[M]. Foreign Language Teaching and Research Press.

RICHARDS J C, SCHMIDT R W, 1983. Conversational analysis[M] // RICHARDS J C, SCHMIDT R W (eds.). Language and communication. Longman: 117-154.

ROTH M W, 1996. Teacher questioning in an open-inquiry learning environment: interactions of context, content, and student responses[J]. Journal of Research in Science Teaching (7).

SACKS H, 1992. Lectures on Conversation, vol. II [M]. Blackwell.

SCHEGLOFF E A, SACKS H,1973. Opening up closings[J]. Semiotica, 8 (4): 289-327.

SEARLE J R, 1969. Speech acts: an essay in the philosophy of language[M]. Cambridge University Press.

SHOMOOSSI N, 2004. The effect of teachers' questioning behavior on EFL classroom interaction: a classroom research study[J]. The Reading Matrix (4).

SINCLAIR J M, COULTHARD R M, 1975. Towards an analysis of discourse: the English used by teachers and pupils[M]. Oxford University Press.

STEVENS R, 1912. The question as a measure of efficiency in instruction: a critical study of classroom practice[D]. Columbia University.

SWAIN M, 1998. Focus on form through conscious reflection[M] // DOUGHTY C, WILLIAMS J (eds.). Focus on from in classroom second language acquisition. Cambridge University Press.

TABA H, LEVINE S, ELZEY F, 1964. Thinking in elementary school children[R]. U.S. office of education, department of health, education, and welfare, cooperative research project No.1574, San Francisco State College.

TEN HAVE P, 1999. Doing conversation analysis: a practical guide[M]. SAGE.

THOMPSON G, 1997. Training teachers to ask questions[J]. ELT Journal (51).

TROSBORG A, 1995. Statutes and contracts: an analysis of legal speech acts in the English language of the law[J]. Journal of Pragmatics.

TSUI B A, 1985. Analyzing input and interaction in second language classrooms[J]. RELC Journal (16).

UNDERHILL N, 1987. Testing spoken language: a handbook of oral testing techniques[M]. Cambridge University Press

UR P, 2000. A course in language teaching: practice and theory[M]. Foreign Language Teaching and Research Press.

WHITE J, LIGHTBOWN P M, 1984. Asking and answering in ESL classes[J]. Canadian Modern Language Review (40).

WILEN W W, 1982. Questioning skills, for teachers - what research says to the teacher[M]. National Education Association.

YULE G, 1996. Pragmatics[M]. Oxford University Press.

附　录

附录一：C.TEST实用汉语水平认定考试口试试题样卷（节选）

第一阶段　热身（1分钟）

注意：这一部分口试试题主要是让考生尽快进入考试的状态，同时，考官应通过提问尽快掌握考生说话的兴趣点及其背景信息（比如说，是否有工作经历）。

参考题目：

面试官：你好！欢迎你参加今天的口语考试。请坐！
　　　　首先，请你简单介绍一下你自己，包括你叫什么名字、你的考号是多少、你是哪国人、你的专业是什么，等等。
面试官：你每年有多少假期?
面试官：你一般是怎么度过假期的?

附录二：C-口语面试的录像转写及标注语料示例（节选）

第一次考试

转写者：马玉红

面试时间：20080421　　　　地点：北京

考生姓名：李泳伯　　考号：150523100019　　性别：男

国籍：韩国　　分数等级：

主考官：蒋以亮　　性别：女　　副考官：黄理兵　　性别：男

时间：00：17：31

T1：欢迎你今天参加汉语口语、口语考试。请你先简单地介绍一下自己，好吗？

　S：好，（3.0）啊。

T1：比方说……

T2：（轻轻地对主考官说了一句话）

T1：嗯，比方说、比方说你学汉语学了多长时间？在哪儿学的呀？平时、平时你上班的时候是走路还是坐车啊？一般你做些什么？

　S：这次很高兴，我是李泳伯，啊、我是韩国人，我在北京工作，以前我是学汉语的，在首尔学习、在（1.0）一年多，现在我在北京工作，我特别，（6.0）移动通信是、移动通信是（事业）和我工作，（5.0）今天我来到北、北京，以后我学习汉语一年前，嗯，（2.0）现在我（2.0）讲（哈）没有、没有时间学习汉语，（3.0）嗯：现在我也考试HSK，嗯，（3.0）老师说我说的基础三级，HSK基础三级，他说我说的不好。

T1：嗯，好，让他先看这个图。你呀把这个图先看一分钟，仔细地看……